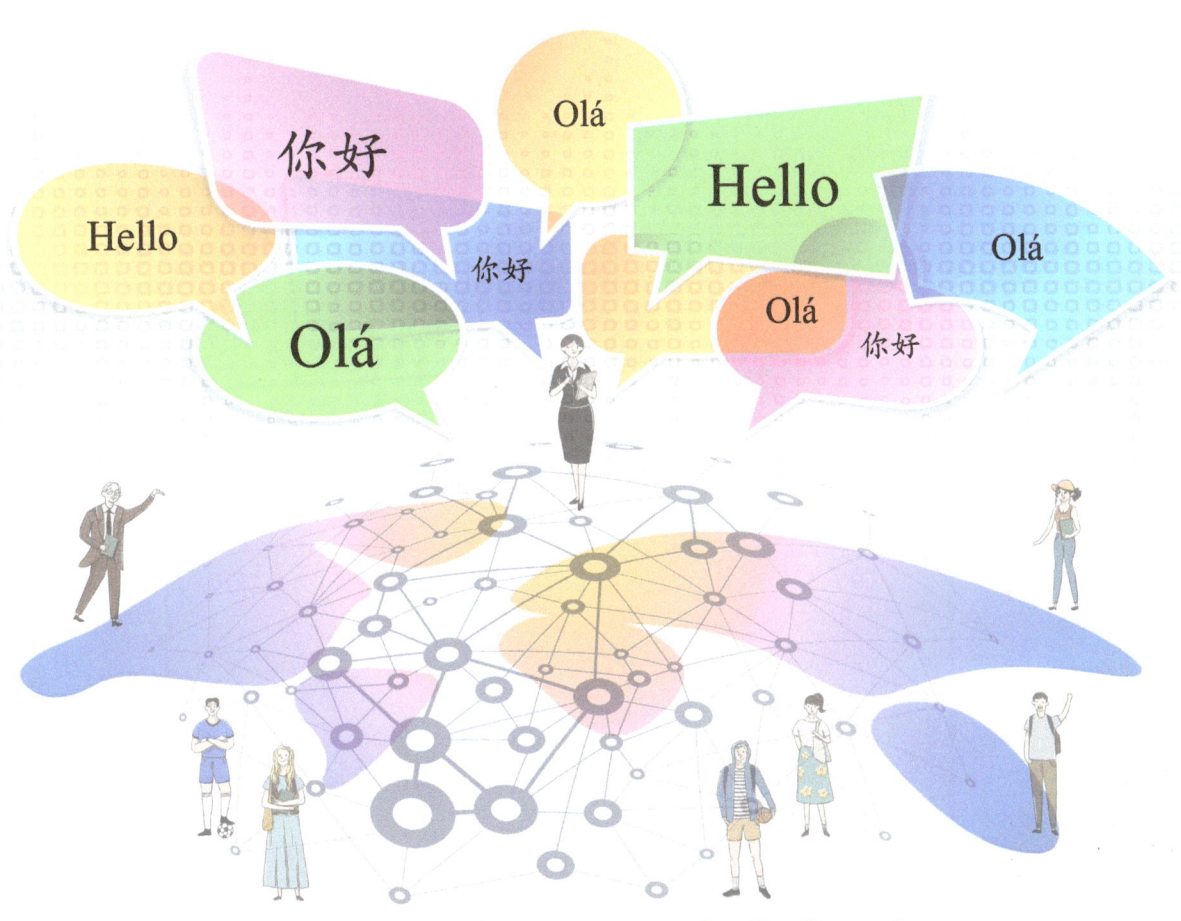

国际汉语教程
國際漢語教程
初级篇 上册

Manual de Chinês Língua Não Materna

A Course in International Chinese

李向玉　主编

主　　編：李向玉
副 主 編：崔明芬（常務副主編）
　　　　　LUCIANO SANTOS RODRIGUES DE ALMEIDA
　　　　　韓麗麗
　　　　　林子予
編　　者：杜志軍　臧　清　李立成　李肖婷　甘宗銘
葡文翻譯：張雲峰　桑大鵬
英文翻譯：林子予　李　麗　李肖婷
中文審訂：崔明芬
葡文審訂：韓麗麗
　　　　　ROSA PORFÍRIA BIZARRO MONTEIRO
　　　　　DOS REIS SOARES
英文審訂：林子予

语法术语缩略形式简表
Lista de abreviaturas dos termos gramaticais
Abbreviations for grammar terms

英文简称 Abreviatura em inglês Abbreviations in English	英文全称 Termos gramaticais em inglês Grammar terms in Englilsh	葡文全称 Termos gramaticais em português Grammar terms in Portuguese	中文简称 Abreviatura em chinês Abbreviations in Chinese	中文全称及拼音 Termos gramaticais em chinês e *pinyin* Grammar terms in Chinese & *pinyin*
N	Noun	Nome	名	名词（míngcí）
V	Verb	Verbo	动	动词（dòngcí）
MV	Modal verb	Verbo modal	情动	情态动词（qíngtài dòngcí）
Adj	Adjective	Adjectivo	形	形容词（xíngróngcí）
Nu	Numeral	Numeral	数	数词（shùcí）
M	Measure word	Classificador	量	量词（liàngcí）
Pron	Pronoun	Pronome	代	代词（dàicí）
Adv	Adverb	Advérbio	副	副词（fùcí）
Prep	Preposition	Preposição	介	介词（jiècí）
Conj	Conjunction	Conjunção	连	连词（liáncí）
AsPt	Aspect particle	Partícula aspectual	动助	动态助词（dòngtài zhùcí）
StPt	Structural particle	Partícula estrutural	结助	结构助词（jiégòu zhùcí）
MdPt	Modal particle	Partícula modal	语助	语气助词（yǔqì zhùcí）
Int	Interjection	Interjeição	叹	叹词（tàncí）

罗飞龙：男，葡萄牙留学生
Luo Feilong, rapaz, um estudante estrangeiro de Portugal
Luo Feilong, male, a university student from Portugal

刘大江：男，中国大学生
Liu Dajiang, rapaz, um estudante universitário chinês
Liu Dajiang, male, a Chinese university student

何爱丽：女，巴西留学生
He Aili, rapariga, uma estudante estrangeira do Brasil
He Aili, female, a university student from Brazil

李嘉玲：女，中国大学生
Li Jialing, rapariga, uma estudante universitária chinesa
Li Jialing, female, a Chinese university student

马修文：男，美国留学生
Ma Xiuwen, rapaz, um estudante estrangeiro dos EUA
Ma Xiuwen, male, a university student from the USA

陈教授：男，汉语教授
Professor Chen, rapaz, professor da língua chinesa
Professor Chen, male, a professor of the Chinese language

安梅兰：女，俄罗斯留学生
An Meilan, rapariga, uma estudante estrangeira da Rússia
An Meilan, female, a university student from Russia

杨老师：女，汉语老师
Ms Yang, rapariga, professora da língua chinesa
Ms Yang, female, a teacher of the Chinese language

目录 | Índice | Table of contents

序　言 / 1

Prefácio / 5

Preface / 12

第一课　你好！/ 1

Lição 1　Olá! / 1

Lesson 1　Hello! / 1

第二课　你叫什么名字？/ 23

Lição 2　Como se chama? / 23

Lesson 2　What's your name? / 23

第三课　你家有几口人？/ 41

Lição 3　Quantos são na sua família? / 41

Lesson 3　How many people are there in your family? / 41

第四课　那是谁？/ 61

Lição 4　Quem é aquele? / 61

Lesson 4　Who is that? / 61

第五课　你打算做什么工作？/ 77

Lição 5　Que trabalho pretendes fazer? / 77

Lesson 5　What work do you plan to do? / 77

第六课　你喜欢踢足球吗？/ 93

Lição 6　Gostas de jogar futebol? / 93

Lesson 6　Do you like playing soccer? / 93

第七课　下周六是几号？/ 113

Lição 7　Quantos são no Sábado da próxima semana? / 113

Lesson 7　What is the date of next Saturday? / 113

第八课　澳门文化中心在哪儿？／133
Lição 8　Onde fica o Centro Cultural de Macau?／133
Lesson 8　Where is the Macao Cultural Centre?／133

第九课　澳门的天气怎么样？／161
Lição 9　Como é o clima de Macau?／161
Lesson 9　What is the weather like in Macao?／161

第十课　你哪儿不舒服？／183
Lição 10　De que se queixa?／183
Lesson 10　What's your complaint?／183

第十一课　苹果多少钱一斤？／199
Lição 11　Quanto custa meio quilo de maçãs?／199
Lesson 11　How much is the apple?／199

第十二课　你最好办一张银行卡／215
Lição 12　É melhor solicitar um cartão bancário／215
Lesson 12　You'd better apply for a bank card／215

生词索引／227
Lista das palavras novas／227
The new words index／227

专有名词索引／243
Lista dos nomes próprios／243
The proper nouns index／243

语音下载

序 言

近年來，中文的國際影響力越來越大，世界範圍内的國際中文教育呈不斷上升之勢，大學階段的漢語作爲第二語言的教育體系也在不斷擴編與演進，學歷專業教育、長期進修教育、短期速成教育都有了長足的發展。伴隨着"一帶一路"倡議的進一步實施，葡語平臺建設亦不斷深入，素稱中西交匯之地的澳門，對世界各國尤其是葡語國家的輻射力和吸引力正日益加強，葡語系國家學生來澳學習漢語的熱情空前高漲。順應這一嶄新形勢，澳門理工學院語言及翻譯高等學校在特區政府社會文化司的大力支持下，于2016年4月開設了澳門特區高校第一個國際漢語教育學士學位課程。其中的非漢語母語方向主要面向葡語系國家及本澳土生葡人招生，旨在培養熟練掌握漢語與中華文化、能夠適應國際漢語教學、漢外翻譯、中外文化交流、國際漢學研究等領域工作的高級複合型應用人才。

回顧澳門地區的留學生漢語教育，澳門理工學院無疑是起步較早的。2006年，澳門理工學院就開始了與葡萄牙雷利亞理工學院、北京語言大學共同舉辦的"中葡翻譯學士學位課程"項目。該項目以雷利亞理工學院學生爲教學對象，采用創新的四年三地（雷利亞、北京、澳門）"1+1+1+1"海内外合作辦學模式，旨在迅速提升學生的中葡雙語翻譯能力，其中在北京和澳門的兩年均以強化學生的漢語技能爲主要目標。十幾年來雷利亞班的漢語教學實踐，無疑爲澳門理工學院國際漢語教育學士學位課程的開設積累了豐富的經驗，夯實了根基。

然而，作爲一個獨立、嶄新的課程，國際漢語教育要辦出特色，辦出水準，成爲澳門理工學院、澳門特區高校乃至世界漢語教學領域的經典課程，還必須在課程體系、師資建設、教學方法、教學管理，尤其是教材編寫方面做出扎實不懈的努力。因此，在課程的論證與培育階段，我們就特別關注配套教材開發這一重要的基礎工程。

我們組織人力對海内外國際漢語教材的編寫、使用情況做了專門的調研與分析，并訪問了國家漢辦（現教育部中外語言交流合作中心）國際漢語教材研發與培訓基地。我們注意到，雖然近三十年來各個層次、各種體例的國際漢語教材大量涌現，但針對葡語系國家和地區學習者的教材仍然嚴重匱乏。而澳門地區特殊的社會、文化與語言狀況，來澳學習漢語的留學生特有的葡語文化背景，又決定了采用中國内地或其他地區出版的國際漢語教材很可能會出現水土不服的情況。因此，與課程開設同步，我們開始了爲國

国际汉语教程（初级篇）

際漢語教育學士學位課程非漢語母語方向量身打造一套具有澳門特色、適合來澳留學生（尤其是葡語國家留學生）使用的本科系列漢語教材的編寫工作。

　　本系列教材涉及漢語綜合課和聽、説、讀、寫語言分技能課等多種主幹科目，其中漢語綜合課教材以《國際漢語教程》命名，分爲初級篇、中級篇和高級篇三部，對應一至三年級的漢語綜合課教學。各篇又分爲上下兩册，供上下兩個學期使用。本系列的聽、説、讀、寫語言分技能課教材亦在調研準備之中，將陸續投入編寫與出版。

　　《國際漢語教程·初級篇》是我們的本科系列漢語教材的第一部，它是一套適用于一年級非漢語母語學習者（尤其是母語爲葡萄牙語的學習者）的初級漢語綜合課教材，包括了語音、詞彙、語法、漢字、中華文化諸方面的知識要素和聽、説、讀、寫各項言語技能的訓練。爲了加強教材的適用性，更好地配合澳門的區情和學習者的母語背景，我們在教材論證的初始階段就確立了"滿足母語爲葡萄牙語的漢語學習者的實際需求，并兼顧母語爲其他語種的學習者"的基本原則，采用中葡英三語對照的形式進行編撰，這在海内外的國際漢語教材編寫方面尚屬首創。

　　在具體的編寫過程中，我們有意識地引入了國内外語言學、語言教學尤其是第二語言習得等學科的最新研究成果，融會貫通，爲我所用，力求做到實用性、科學性、系統性和趣味性的統一。第一，強調以學生爲中心。在教材體例設計、課文編寫、注釋、語法、漢字知識、中華文化知識、練習等環節努力貼近學習者的需要，貼近教學實際，提高教材的實用性。第二，注意堅持教材的科學性。功能項目的安排，漢字、詞彙、語法項目的選擇均以《國際漢語教學通用課程大綱》（2014年修訂版）爲依據，以嚴格的量化標準確保各個環節、各個階段的教學目標順利實現。第三，注意教材的系統性。在兼顧功能話題的前提下，漢字、詞彙、語言點及文化知識的編排力求遵循由易到難、循序漸進的原則，并強調漢字、詞彙、語法等重要内容的適時復現，使教學過程、習得過程更爲順暢，更加有效。第四，在課文編寫方面，我們在強調場景的真實性、對話的生活化的基礎上，適當加入了一些幽默生動的元素，以激發學生的學習興趣，進一步提高課堂活動的參與度。

　　《國際漢語教程·初級篇》分上、下兩册，對應于一年級的第一、二兩個學期。每册均包括課本、綜合練習册和教師用書三個部分。其中課本上册和綜合練習册上册適用于没有漢語基礎的零起點學習者，下册設定爲已完成上册的學習并達到《國際漢語教學通用課程大綱》（2014年修訂版）"一級目標及内容"、"二級目標及内容"相關要求的學習者，基本教學目標是在語言技能、語言知識、語言交際策略、文化能力四個方面達到該大綱"三級目標及内容"的要求。教師用書與課本、綜合練習册配套使用，旨在爲使用《國際漢語教程·初級篇》的教師（特別是新教師）提供教學建議、練習參考答案及必要的教學素材和補充知識，以節省教師的備課時間，并幫助教師更好地理解教材、更有效更有針對性地組織課堂教學。

　　《國際漢語教程·初級篇》既可供學習者在澳門及中國其他地區的目的語環境下使用，也可用于葡萄牙、巴西、佛得角、莫桑比克、安哥拉等葡語國家及其他國家和地區的非

| 序 言 |

目的語環境的漢語教學。上冊和下冊的設計課時都是一個學期（15周），90課時（每周6課時），教師亦可根據各校授課時數做適當調整。此外，本教材也可以供零起點或其他初級階段的漢語自學者選用。

《國際漢語教程·初級篇》上下冊均爲十二課，每一課的課文都以功能項目爲綱，并兼顧語言結構的講解與訓練。功能項目的選擇以《國際漢語教學通用課程大綱》（2014年修訂版）中的《漢語教學話題及內容建議表》爲主要依據，語言結構則包括語法要點、核心句型、習慣用法、重點詞彙等。考慮到初級階段的漢語習得規律及學習目標，上冊課文與部分下冊課文采用對話體，目的在于兼顧聽說讀寫四項言語技能的同時突出聽說交際能力的訓練。課文內容方面則注意了功能話題的通用性及與澳門生活、文化、社會的地方特色的結合，以便更好地契合漢語習得的目的語環境。因應澳門的語言政策，也爲了兼顧學生的簡、繁體字認讀，課文和生詞部分采用簡繁對照的形式，簡體課文標注拼音。另外，爲了方便葡語國家和地區學生的使用，生詞、注釋、詞句解釋、語法、漢字知識、中華文化知識部分均采用中葡英三語對照的形式。

具體到課本每一課的基本結構，均分爲課文、生詞、注釋、詞句解釋、語法、漢字知識與漢字認寫、中華文化知識等部分（練習部分獨立爲《練習冊》），上冊第一至十課另有語音知識部分，是爲語音學習階段的主要內容。對零起點的學習者而言，語音階段的學習至爲重要，但考慮到課本的綜合課性質，不可能也沒有必要做巨細無遺的全面講解與練習——我們另有專門的漢語聽說課承擔更有針對性的語音訓練任務，但重點語音知識的講解、重點語音項目的訓練是必不可少的。提綱挈領，效率優先，是本教材語音階段學習的基本原則。

上、下冊的生詞部分分別以《國際漢語教學通用課程大綱》（2014年修訂版）"一級目標及內容"、"二級目標及內容"和"三級目標及內容"的相關要求爲基本依據。

注釋部分所選項目均爲文化色彩較濃，按難度不宜作爲該課基本生詞的詞彙；而課文中有較重要的語法價值但又不宜在該課語法部分講解的詞句，則歸入詞句解釋部分，以便于學生掌握。

課文中語法項目的選擇亦以《國際漢語教學通用課程大綱》（2014年修訂版）"一級目標及內容"、"二級目標及內容"和"三級目標及內容"爲主要依據，但考慮到功能話題的需要，出現順序做了適當調整。功能話題與語言結構如何更好地形成交集，本是長期以來國際漢語教材一直致力解決的難題，本教程也試圖在這方面做出自己的努力，希望我們的嘗試能夠取得較好的效果。

每課的漢字知識與漢字認寫部分，知識條目的選擇符合《國際漢語教學通用課程大綱》（2014年修訂版）"一級目標及內容"、"二級目標及內容"和"三級目標及內容"的基本規定，要求學生認寫的漢字也儘可能涵蓋一級、二級和三級常用漢字表的範圍。

中華文化知識部分既注意了教材的整體構架及與當課課文的對應性，又儘可能兼顧傳統文化與當代中國社會的變遷，對海外學習者較爲突出的興趣點也做了適當的考慮。

国际汉语教程（初级篇）

　　翻譯方面，編寫組集合了澳門理工學院漢語、英語、葡萄牙語三種語言教學與研究方面的精英。爲體現以學生爲本的編寫思路，葡語翻譯和英語翻譯均以"通俗易懂"爲出發點，務求準確、簡練。語法、注釋與詞句解釋的翻譯在吸收海內外最新研究成果的同時，又很好地迴避了艱澀生僻的專業術語，詞句解釋中例句的翻譯則儘量保持中文原文的風味。語音知識、漢字知識、中華文化知識三個部分的翻譯，也在忠實于中文文本的基礎上充分考慮了初級漢語學習者的語言能力與接受水準。

　　《國際漢語教程·初級篇》綜合練習册上下册與課本配套使用。練習內容針對課文內容而設計，并有適當的延展練習，以使學生在課本學習的基礎上有進一步的提高。其中"語音練習"板塊貫穿綜合練習册上册全書（課本第十一、十二課雖不含語音知識部分，但綜合練習册亦應設置語音練習，以鞏固第一至十課語音階段的學習效果），詞彙練習、語法練習、交際練習、漢字練習、讀寫（指閱讀與寫作）練習、任務活動六大板塊各設有若干題型，每課的練習之外，另有七個單元練習，以利進一步總結、複習與提高。

　　教材是教師組織教學、學生進行學習的基礎與依據。它規定了教學內容，并在相當大的程度上影響着教與學的品質。教材編寫得成功與否，直接影響到課程建設的質量與水準。作爲澳門理工學院的新建課程，國際漢語教育的漢語教材建設得到了學院與語言及翻譯高等學校的大力支持，參與《國際漢語教程·初級篇》編寫與審訂工作的各位同人也都是在國際漢語教育、中葡與中英翻譯教學方面有多年經驗的骨幹教師，他們克服了中葡英三語協同帶來的諸多困難，集思廣益，銳意進取，儘量把國際漢語教學、漢語本體研究、國際漢語教學研究、第二語言習得研究等方面的最新研究成果以及最新的教材編寫理念融入教材編寫實踐之中，從而保證了本教程的高起點與前瞻性，也爲今後的國際漢語教材建設積累了寶貴的經驗。

　　在此我們還要特別感謝商務印書館的大力協助，感謝《國際漢語教程·初級篇》責任編輯華莎女士專業而認真的工作。儘管本教材在交稿前已數易其稿，并在澳門理工學院語言及翻譯高等學校國際漢語教育學士學位課程一年級非漢語母語班（該班學生主要來自葡萄牙、巴西、佛得角、莫桑比克、意大利等國家和地區）進行了試用，但仍有賴于責任編輯的精審細校與寶貴建議。

　　教材編寫是一項繁重而困難的工作，一套好的教材往往需要教學過程的反復檢驗。廣大教師、學生的反饋對我們將來的修訂無疑是大有裨益的，我們期待着建設性意見。作爲澳門高校編寫的首套國際漢語教材，我們希望它實用、好用、耐用，更希望它與時俱進，常改常新，邁向經典。是所望焉。

主編　李向玉教授
2020 年仲夏定稿于澳門理工學院

| Prefácio |

Nos últimos anos, a influência internacional da língua chinesa tem vindo a aumentar, e o ensino da língua chinesa internacional em todo o mundo está a aumentar. Ao mesmo tempo, os cursos de língua chinesa como língua estrangeira no ensino superior têm crescido significativamente, em paralelo com o fomento dos cursos conferentes de grau, cursos de formação a longo prazo e os cursos intensivos de língua chinesa como língua estrangeira. A par do avanço da implementação da iniciativa "Uma Faixa, Uma Rota", a construção da plataforma de Português tem-se intensificado. Enquanto ponto de encontro entre o Oriente e o Ocidente, Macau tem aumentado a sua capacidade de atracção e a sua presença em todos os países do mundo, sobretudo nos países de língua portuguesa. Tem-se registado um entusiasmo cada vez maior dos alunos oriundos dos países de língua portuguesa na aprendizagem do Chinês em Macau. Atenta à nova realidade e às novas exigências, a Escola Superior de Línguas e Tradução (ESLT) do Instituto Politécnico de Macau (IPM) criou, em Abril de 2016, o primeiro Curso de Licenciatura em Ensino de Língua Chinesa como Língua Estrangeira nas instituições do ensino superior da RAEM, contando com o apoio firme do Secretário para os Assuntos Sociais e Culturais da Região Administrativa Especial de Macau. A vertente destinada aos alunos não-nativos de Chinês do Curso abrange estudantes provenientes dos países de língua portuguesa e estudantes nascidos em Macau, com o objectivo de habilitar quadros interdisciplinares qualificados que dominem a língua e a cultura chinesas e que atendam às exigências do ensino de Chinês como língua estrangeira, da tradução de Chinês para línguas estrangeiras, do intercâmbio cultural entre a China e os países estrangeiros e da investigação internacional em sinologia.

Se olharmos para trás, em termos do ensino de língua chinesa a alunos estrangeiros na RAEM, o IPM é, sem dúvida, um dos pioneiros. Já em 2006, o IPM deu início ao Curso de Licenciatura em Tradução e Interpretação Chinês-Português/Português-Chinês em associação com o Instituto Politécnico de Leiria e a Universidade de Línguas e Cultura de Beijing. Tendo como alvo os alunos do Instituto Politécnico de Leiria, o Curso adoptou o modelo inovador de ensino designado por "1+1+1+1", ou seja, quatro anos de estudo em três locais diferentes (Leiria, Beijing e Macau), com o objectivo de desenvolver rapidamente nos alunos as competências

国际汉语教程（初级篇）

de tradução em Chinês-Português, tendo os dois anos passados em Beijing e Macau visado o reforço das competências linguísticas em Chinês. Ao longo de mais de dez anos de ensino a alunos do IPL, o IPM acumulou enorme experiência na área do Chinês como língua estrangeira e construiu uma base sólida para a criação do Curso de Licenciatura em Ensino de Língua Chinesa como Língua Estrangeira.

Contudo, se este novo e independente curso, o Curso de Licenciatura em Ensino de Língua Chinesa como Língua Estrangeira, pretende dotar-se de características de qualidade e ambiciona tornar-se num curso clássico do IPM, das instituições do ensino superior da RAEM, mesmo da área do ensino de língua chinesa em todo o mundo, é indispensável desenvolver incessantemente esforços nas áreas de organização do Curso, no recrutamento do corpo docente, nos métodos didácticos, na gestão pedagógica, sobretudo na elaboração de manuais didácticos. Daí a grande importância dada, desde a fase de concepção e elaboração do Curso, ao projecto da organização de manuais.

Investigámos e analisámos manuais de Chinês como língua estrangeira, quer chineses quer estrangeiros, bem como visitámos a sede da elaboração de manuais didácticos da Base para o Desenvolvimento de Materiais Didácticos do Chinês Internacional e Formação de Professores de *Hanban* (Agora, o Centro de Ensino e Cooperação de Línguas do Ministério da Educação). Notamos que, embora o número de manuais de Chinês como língua estrangeira de diversos níveis e de estilos variados tenha aumentado nos últimos trinta anos, há, ainda, escassez de manuais destinados, de modo particular, aos aprendentes dos países e regiões de língua portuguesa. Além disso, tendo em conta a situação social, cultural e linguística única de Macau, assim como o perfil cultural dos próprios estudantes dos países e regiões de língua portuguesa, a adopção de manuais publicados na China Interior ou de manuais estrangeiros poderia não ser totalmente rentável. Portanto, ao iniciarmos este Curso, dedicámo-nos à elaboração de manuais destinados aos aprendentes falantes não nativos de Chinês. Trata-se de uma colecção de manuais do Curso de Licenciatura em Ensino da Língua Chinesa como Língua Estrangeira com características de Macau e adequados a alunos estrangeiros, sobretudo aos alunos dos países de língua portuguesa que venham aprender Chinês em Macau.

Esta colecção de materiais didácticos abrange manuais para Chinês Compreensivo[①] e para as unidades curriculares especificamente orientadas para o desenvolvimento de competências linguísticas de Compreensão Oral, Expressão Oral, Leitura e Expressão Escrita. Os manuais para Chinês Compreensivo designam-se *Manual de Chinês Língua Não Materna*; divididos

---

[①] Esta unidade curricular compreende o desenvolvimento de diferentes domínios: leitura, escrita, gramática, compreensão e produção orais.

| Prefácio |

em três níveis (o elementar, o intermédio e o avançado), os seis volumes do *Manual de Chinês Língua não Materna* aplicam-se aos primeiros três anos de aprendizagem, sendo que cada nível possui dois volumes de manuais, a utilizar nos dois semestres de cada ano lectivo. Os outros manuais desta colecção relacionados às unidades curriculares orientadas para o desenvolvimento de competências linguísticas de Compreensão Oral, Expressão Oral, Leitura e Expressão Escrita encontram-se em fase de investigação e concepção e vão ser elaborados e publicados sucessivamente.

O *Manual de Chinês Língua Não Materna: Nível Elementar* representam os primeiros volumes da colecção para a disciplina Chinês Compreensivo e destinam-se aos alunos falantes não nativos de Chinês do 1º ano da licenciatura, sobretudo, aos aprendentes que têm o português como a língua materna. Envolvendo os conhecimentos fonéticos, lexicais, gramaticais, culturais e os conhecimentos sobre caracteres chineses, o Manual enfatiza a prática de competências de compreensão oral, expressão oral, leitura e expressão escrita. No sentido de fomentar a adequação à situação geral de Macau e ao perfil linguístico dos aprendentes, na sua língua materna, adoptou-se, desde o início deste projecto, o princípio de tentar satisfazer as necessidades actuais dos alunos falantes nativos de língua portuguesa, sem deixarmos de lado os interesses dos aprendentes falantes nativos de outras línguas estrangeiras; daí, os manuais serem trilingues (em Chinês, Português e Inglês), o que constitui um caso único entre os manuais chineses e estrangeiros de língua chinesa como língua estrangeira.

Na elaboração do Manual, contámos, deliberadamente, com os contributos mais recentes das investigações chinesas e estrangeiras nas áreas da linguística e do ensino de línguas, sobretudo da aquisição de uma língua segunda. Assimilámo-las e modificámo-las em nosso proveito, tentando associar, no Manual, as vertentes prática, científica e sistemática a outros aspectos considerados interessantes. Em primeiro lugar, privilegiámos o princípio de centralidade do aprendente. Na concepção da estrutura do Manual, na elaboração de textos e notas, na gramática, nos conhecimentos sobre caracteres chineses, nos conhecimentos culturais chineses e nos exercícios, tivemos sempre em mente atender às necessidades dos aprendentes e do processo de ensino, focalizando-nos na prática do ensino a fim de aumentar a exequibilidade do Manual. Em segundo lugar, garantimos a cientificidade do Manual. A concepção de conteúdos funcionais, a selecção dos caracteres chineses, do vocabulário e dos pontos gramaticais são baseadas na versão revista do *Curriculum Internacional do Ensino de Língua Chinesa como Língua Estrangeira*, lançada em 2014. Assim, tendo por base critérios quantitativos, garantimos que os objectivos pedagógicos podem ser cumpridos suavemente, em todas as fases do processo de aprendizagem. Em terceiro lugar, refira-se a atenção dada ao carácter sistemático do Manual. Com a cobertura de todos os conteúdos funcionais, organizamos a aprendizagem de caracteres chineses, vocabulário, conhecimentos linguísticos e culturais segundo o princípio da progressão e por ordem de dificuldade. Sublinhe-se, ainda, a importância dada à recorrência, em momentos oportunos, de conhecimentos importantes, o que facilitará, de modo particular, a efectivação do seu ensino. Por último, referiremos que foram usados elementos humorísticos, sem esquecer o carácter autêntico e o tom coloquial das cenas do quotidiano dos diálogos, visando aumentar nos alunos o interesse pela aprendizagem e aumentar-lhes a participação nas actividades na aula.

O *Manual de Chinês Língua Não Materna: Nível Elementar* contém dois conjuntos de manuais, sendo cada conjunto composto por livro do aluno, caderno de exercícios e livro do professor e correspondendo à aprendizagem dos dois semestres do 1º ano de licenciatura. Os volumes do semestre 1 do livro do aluno e do caderno de exercícios são destinados aos aprendentes completamente principiantes, enquanto os volumes 2 (semestre 2) dos mesmos destinam-se aos alunos que tenham concluído a aprendizagem do volume 1 e que tenham atingido os Objectivos e dominado os Conteúdos do Nível 1–2 previstos pela versão revista em 2014 do *Curriculum Internacional do Ensino de Língua Chinesa como Língua Estrangeira*. Ao concluir a aprendizagem do volume 2 do Manual, prevê-se que atinjam os Objectivos e dominem os Conteúdos do Nível 3 em termos de competências linguísticas, conhecimentos de língua, estratégias de comunicação e competências culturais. Os livros do professor devem ser utilizados em coordenação com os livros do aluno e os cadernos de exercícios e pretendem dar sugestões didácticas aos docentes, em especial aos docentes principiantes, fornecendo-lhes as soluções dos exercícios, materiais didácticos e conhecimentos complementares necessários, o que viabiliza uma preparação de aulas eficiente e possibilita uma melhor compreensão do Manual e uma organização mais orientada das actividades na aula.

O *Manual de Chinês Língua Não Materna: Nível Elementar* pode ser utilizado pelos aprendentes no ambiente de imersão linguística em Macau e noutras regiões da China, bem como em outros contextos nos países de língua portuguesa, tais como Portugal, Brasil, Cabo Verde, Moçambique, Angola e também em outros países e regiões do mundo. Para cada volume do Manual, prevê-se uma duração de aprendizagem de um semestre (quinze semanas), ou seja, noventa horas (seis horas por semana) no total. Os professores podem ajustar o processo de aprendizagem ao número de horas lectivas disponíveis. Além disso, o Manual também pode ser utilizado por aprendentes principiantes ou de nível elementar de Chinês de modo completamente autónomo.

Cada um dos dois volumes do *Manual de Chinês Língua Não Materna: Nível Elementar* (Livro do aluno) contém doze lições, cujos textos são elaborados de acordo com os conteúdos funcionais e combinam a explicação com a prática de exercícios de estruturas. Os conteúdos funcionais foram seleccionados com base na *Lista Proposta de Temas e Conteúdos do Ensino*

| Prefácio |

de Língua Chinesa, que consta da versão revista do *Curriculum Internacional do Ensino de Língua Chinesa como Língua Estrangeira*, lançada em 2014 pela sede. As estruturas de língua chinesa envolvem pontos gramaticais, estruturas nucleares de frases, expressões idiomáticas e vocabulário-chave. Levando em consideração as regras de aquisição e os objectivos de aprendizagem de Chinês na fase elementar, os textos do volume 1 e parte do volume 2 são todos diálogos, possibilitando o domínio das competências linguísticas de compreensão oral, expressão oral, leitura e expressão escrita e priorizando a prática de competências comunicativas. Em relação ao conteúdo, os textos combinam perfeitamente a versatilidade dos conteúdos funcionais com as características culturais, sociais e de vida de Macau, o que visa um melhor enquadramento num ambiente de imersão linguística. Devido às políticas linguísticas da RAEM e com o intuito de reforçar a capacidade de leitura de caracteres tradicionais chineses, os textos e o vocabulário são apresentados não só em caracteres simplificados, mas também em caracteres tradicionais, sendo os caracteres simplificados seguidos de *pinyin*, ou seja, por caracteres de Chinês romanizados. Acresce referir que, para facilitar a utilização dos aprendentes dos países e regiões de língua portuguesa, o vocabulário, as notas, as notas explicativas sobre as palavras e frases, as regras gramaticais, os conhecimentos sobre caracteres e os conhecimentos culturais chineses são todos apresentados de forma trilingue: em Chinês, Português e em Inglês. Relativamente à estrutura básica do Manual de estudo (Livro do aluno), as lições são compostas por diversas partes, a saber: o texto, novo vocabulário, notas, as notas explicativas sobre as palavras e frases, a gramática, o conhecimento sobre caracteres chineses e cultura chinesa (os exercícios encontram-se à parte no caderno de exercícios), sendo as lições 1 a 10 do volume 1 acompanhadas de uma parte fonética, que é o conteúdo essencial na fase de aprendizagem de fonética de Chinês. Para os aprendentes principiantes, a fase de aprendizagem de fonética é de grande importância. Todavia, sendo manuais para a disciplina Chinês Compreensivo, não é possível nem é necessário explicar exaustivamente as regras ou fazer um número elevado de exercícios, porque temos manuais exclusivamente para a compreensão e expressão orais. De qualquer forma, a explicação das regras importantes de fonética e os respectivos exercícios são indispensáveis. Na fase de aprendizagem da fonética, o Manual dá prioridade à eficiência e concentra-se na explicação e treino de conhecimentos essenciais. O vocabulário do Manual é concebido de acordo com os *Objectivos e Conteúdos* do Nível 1 e do Nível 2, previstos pela versão revista em 2014 do *Curriculum Internacional do Ensino de Língua Chinesa como Língua Estrangeira*. Para os vocábulos não definidos do Nível 1, do Nível 2, e do Nível 3 não se exige um domínio tão rigoroso.

As notas constantes deste livro são termos culturalmente ricos, termos aos quais não se adequam ao conjunto de palavras básicas. Por outro lado, as notas explicativas sobre as frases e as orações são conteúdos essencialmente gramaticais mas que não viáveis como principais pontos gramaticais.

Os conteúdos gramaticais também foram seleccionados com base nos *Objectivos e Conteúdos* do Nível 1, do Nível 2, e do Nível 3, previstos pela versão revista em 2014 do *Curriculum Internacional do Ensino de Língua Chinesa como Língua Estrangeira*; a ordem de apresentação desses conteúdos foi ajustada à necessidade de ocorrência dos conteúdos funcionais. A combinação dos conteúdos funcionais com as estruturas de língua chinesa tem sido um quebra-cabeças com que todos os manuais de Chinês como língua estrangeira se têm confrontado. Procuramos resolver este problema neste Manual e esperamos tê-lo conseguido.

Os conhecimentos sobre caracteres chineses apresentados correspondem também aos *Objectivos e Conteúdos* do Nível 1, do Nível 2, e do Nível 3, previstos pela versão revista em 2014 do *Curriculum Internacional do Ensino de Língua Chinesa como Língua Estrangeira*. Os caracteres com exigências de domínio de leitura e escrita são na sua maioria definidos pela *Lista de Caracteres Usuais do mesmo Curriculum*.

Os conhecimentos culturais chineses são apresentados levando em consideração a correspondência entre o seu conteúdo e os textos em estudo, atendendo às mudanças da cultura tradicional e da sociedade contemporânea chinesa, bem como a possíveis áreas de interesse dos aprendentes estrangeiros.

Quanto à tradução do Manual, juntámos um quadro de professores de topo do IPM, quer no ensino de Chinês, Inglês e Português, quer na investigação das três línguas, para levar o projecto a cabo. Focalizando-se nas necessidades dos estudantes, a tradução para Português e para Inglês têm ambas por base a sua facilidade de compreensão e, ao mesmo tempo, a sua exactidão e o carácter sucinto das informações dadas. Na tradução das secções Gramáticas e Notas, adoptámos as últimas investigações gramaticais chinesas e estrangeiras procurando evitar os termos específicos raramente utilizados. Ao traduzirmos os exemplos das Notas, visámos conservar o tom das frases originais em Chinês. Na tradução das secções Fonética, Conhecimentos sobre Caracteres Chineses e Conhecimentos Culturais Chineses, garantindo a fidelidade ao texto em Chinês, levámos em conta as competências linguísticas e o nível de aprendizagem dos aprendentes principiantes de Chinês.

Os cadernos de exercícios do *Manual de Chinês Língua Não Materna: Nível Elementar* usam-se em conjunto com os respectivos livros do aluno. Os exercícios são concebidos com base no conteúdo dos textos e tendem a aprofundar a aprendizagem e possibilitam mais progressos no estudo. Embora as lições 11 e 12 do volume 1 do livro do aluno não incluam a parte de fonética, a secção Exercícios de Fonética percorre todas as lições do volume 1 do caderno de exercícios e serve para reforçar a aprendizagem de fonética. No caderno de exercícios, todas as lições têm exercícios lexicais, gramaticais, de comunicação, de leitura e escrita, e as tarefas e actividades. Além disso, há sete unidades práticas, destinadas a resumir, rever e reforçar o processo de aprendizagem.

Os manuais didácticos são a base a partir da qual os professores organizam os processos de ensino e de aprendizagem. Eles definem o conteúdo de ensino e determinam em grande medida a qualidade do ensino e da aprendizagem, daí que a elaboração bem-sucedida de manuais tenha impacto na qualidade do curso. Apesar de o Curso de Licenciatura em Ensino de Língua Chinesa como Língua Estrangeira ser um curso novo do Instituto Politécnico de Macau, a elaboração de manuais conta com o apoio incondicional da Escola Superior de Línguas e Tradução.

Os professores que participaram na elaboração e na revisão do *Manual de Chinês Língua Não Materna: Nível Elementar* são todos docentes bem experientes no ensino de língua chinesa como língua estrangeira, de tradução Chinês-Português e de tradução Chinês-Inglês, que ultrapassaram imensos obstáculos surgidos da colaboração entre as três línguas utilizadas. Na realização deste Manual, foram adoptados sempre que possível os contributos mais recentes das investigações no ensino de língua chinesa como língua estrangeira, na ontologia do Chinês e na aquisição da língua segunda, tendo-se igualmente levado em conta as teorias mais inovadoras relativas à elaboração de manuais. Também nesta perspectiva, a prossecução deste projecto granjeou uma experiência muita válida a aplicar em futuros projectos do mesmo tipo.

Agradecemos o apoio da Commercial Press e o trabalho sério e profissional da redactora Sra. Hua Sha. Embora antes da entrega final tenhamos feito várias revisões e experimentado o presente Manual na turma do 1º ano do Curso de Licenciatura em Ensino de Língua Chinesa como Língua Estrangeira da ESLT do IPM, cujos elementos são falantes não nativos de Chinês e que são oriundos de Portugal, Brasil, Cabo Verde, Moçambique, Itália e de outros países, as revisões cuidadosas e as sugestões valiosas dos editores foram imprescindíveis..

A elaboração de manuais constitui um empreendimento árduo. Uma boa colecção de manuais tem origem na repetição da prática didáctica. Por isso, o feedback dos professores e alunos é, sem dúvida, de grande valor para uma futura revisão. Aguardamos os comentários construtivos e esperamos que esta primeira colecção de manuais de Chinês como língua estrangeira feita por uma instituição de ensino superior de Macau seja de utilidade prática e receba as necessárias actualizações, tornando-se numa colecção de referência de manuais do género.

Prof. Doutor Lei Heong Iok
Concluído no Verão de 2020
Instituto Politécnico de Macau

Preface

In recent years, the international influence of the Chinese language has been increasing, and the international Chinese language education around the world is on the rise. The system for teaching Chinese as a foreign language at the college level has also witnessed continuous expansion and change, with significant developments in degree courses, long-term continuing education programs and short-term express classes. Meanwhile, along with the further implementation of the China-proposed Belt and Road Initiative (BRI), the construction of a Portuguese platform in Macao has been steadily underway. As a renowned intersection of Eastern and Western cultures, Macao is becoming increasingly influential and attractive to foreign countries, especially Portuguese-speaking countries, wherefrom students have never been so eager to come to Macao to learn Chinese. To command this new trend, the School of Languages and Translation of Macao Polytechnic Institute (MPI) established Macao's first bachelor degree program in International Chinese Language Education in April, 2016, thanks to the support of the Secretariat for Social Affairs and Culture of the Macao Special Administrative Region. In this program, the track for non-native speakers of Chinese is designed mainly for students from the Portuguese-speaking countries and regions, or Macao-born Portuguese. The purpose of the program is to cultivate advanced and multitasking talents competent in both the Chinese language and Chinese culture who can be qualified for work in the areas of international Chinese-teaching, translation and interpreting, international cultural communication, and international Sinology studies.

Retrospectively, MPI undoubtedly was one of the earliest pioneers in teaching Chinese to foreign students in the Macao region. In 2006, MPI inaugurated a joint bachelor program in Chinese/Portuguese Translation and Interpretation in cooperation with Polytechnic Institute of Leiria of Portugal and Beijing Language and Culture University. Focusing on students from Polytechnic Institute of Leiria, this program has adopted an innovative teaching pattern of Four Years and Three Places (i.e., Leiria, Beijing, Macao) in the format of "1+1+1+1". The goal has been to improve the students' bilingual translation abilities. Of the four years, the two

| Preface |

years in Beijing and Macao have been used to enhance the students' Chinese language skills. Therefore, the teaching practice of the last decade for the Leiria students has provided MPI with rich experience and a solid foundation for the establishment of the bachelor degree program in International Chinese Language Education.

However, for this brand-new degree program to excel itself and grow into a classic program in Chinese language education not only in MPI, but also in Macao or even in the whole world, we understand that persistent and solid efforts are required in the curriculum design, faculty recruitment, teaching methodology, teaching management, and more importantly, textbook development. Therefore, ever since the initial stage of the program feasibility research and design, we have had plans to develop supporting textbooks, which we believe is an important foundation project.

We researched and analyzed the existing textbooks in international Chinese published at home and abroad during a field trip to the Base for International Chinese Teaching Materials Development and Teacher Training, which is a branch of *Hanban* (now the Centre for Language Education and Cooperation of the Ministry of Education). We noticed that although many Chinese teaching materials of various levels and styles have emerged during the last three decades, there was almost none for students from the Portuguese-speaking countries. In addition, due to the unique social, cultural and linguistic conditions in Macao as well as the special cultural backgrounds of Portuguese-speaking students, we believe that simply adopting the teaching materials published elsewhere will not be able to satisfy the needs of our program. Consequently, when we were preparing for the bachelor degree program in International Chinese Language Education for non-native Chinese speakers, we commenced the development of this entirely new set of Chinese textbooks, which, we hope, could feature Macao characteristics and be suitable for foreign students, especially those from the Portuguese-speaking countries, who plan to study Chinese in Macao.

This set of textbooks is intended for comprehensive Chinese courses, as well as for specific language skill courses like listening, speaking, writing and reading. The teaching materials for a comprehensive Chinese language study are complied under the name of *A Course in International Chinese*, with three levels—elementary, intermediate and advanced, to serve the comprehensive Chinese classes from freshman to junior years. Each level will contain two volumes, each for one semester. The supplementary materials for the listening, speaking, writing and reading skills are also in preparation, and will be available later.

A Course in International Chinese (Elementary Level) is the first part of this comprehensive series. It is for freshmen whose native language is not Chinese. It includes knowledge on

国际汉语教程（初级篇）

Chinese phonetics, vocabulary, grammar, Chinese characters and Chinese culture, together with drills for listening, speaking, reading and writing. To better accommodate Macao's linguistic situations and the learner's native language backgrounds and to enhance the usability of this textbook, we have, ever since the beginning of this textbook project, targeted Portuguese-speaking learners and at the same time taken into consideration the needs from learners of other native languages. Accordingly, three languages, namely, Chinese, Portuguese and English, are used simultaneously in the textbook, which is unprecedented in the development of Chinese language teaching materials worldwide.

During the writing process, we kept ourselves informed with the latest findings in linguistics, second language acquisition, and language teaching. We have endeavored to incorporate these researches into our textbook to make it more practical, scientific, systematic and interesting. Firstly, this textbook is student-centered, which can be seen in the overall design of the style, texts, notes, grammar, knowledge about Chinese characters, Chinese cultural knowledge and exercises, all of which are meant to be as close as possible to the practical teaching and learning needs. Secondly, on a better scientific basis, we have used *The International Curriculum for Chinese Language Education* (2014, Rev. ed.) as the foundation for the strict quantitative selection and arrangement of such functional items as Chinese characters, Chinese words, and grammatical points, so that the pedagogical goals of every step and at every juncture can be smoothly reached. Thirdly, the systematicity of the textbook has been given full consideration. With all the functional topics completely covered, we have progressively and logically sequenced the characters, vocabulary, language points and cultural points, all from easy to difficult, so that the important contents can reappear timely for higher effectiveness of teaching and learning. Fourthly, we have stressed the authenticity of the real life scenes and dialogues. Some humorous elements are added to boost the students' interest and participation in class activities.

A Course in International Chinese (Elementary Level) is divided into Volume One and Volume Two, corresponding to the first and second semesters of study in the freshman year. Each volume includes three parts: the Textbook, the Workbook and the Teacher's Book. The Textbook and the Workbook for Volume One should be used for beginners who have not studied Chinese at all. Volume Two is designed for students who have completed Volume One and have met the requirements of the *Goals and Contents of Level I and II in The International Curriculum for Chinese Language Education* (2014, Rev. ed.). The chief goal is to meet the requirements of the *Goals and Contents of Level* III in all of the four aspects, namely, language skills, language knowledge, language communication strategies and cultural abilities. The Teacher's

Preface

Book, which should be used in coordination with the Textbook and the Workbook, provides the instructional advice, answer keys, necessary raw teaching materials and supplementary knowledge for teachers, especially new teachers. In this way, teachers can be more efficient in lesson preparation, and have a better understanding of the teaching materials. This will allow better organization of classroom instruction focusing on student's needs.

A Course in International Chinese (Elementary Level) can be used either by foreign Chinese learners in Macao and other parts of China where Chinese is used or by those from Portuguese-speaking countries and regions, such as Portugal, Brazil, Cape Verde, Mozambique, and Angola. The designed class hours for each volume are ninety in total for one semester of fifteen weeks, i.e., six hours per week. Teachers can make appropriate adjustments according to their local curricula. In addition, this textbook can also be used by beginners who have never learned Chinese or by elementary Chinese learners through self-instruction.

The textbooks for *A Course in International Chinese (Elementary)* both consist of twelve lessons. The text of each lesson is guided by functional items with explanations and drills on language structures included. Selection of the functional items is based on the *Chinese Teaching Topics and Content Proposal Form* in *The International Curriculum for Chinese Language Education* (2014, Rev. ed.). The language structures include grammatical points, sentence patterns, idioms, core vocabulary, and so on. Based on the language acquisition rules and learning goals of beginners in Chinese learning, the texts in Volume One and part of Volume Two appear as dialogues, so that the skills of listening, speaking, reading and writing can all be covered, with listening and speaking abilities, as well as communication capabilities highlighted. With respect to the contents of the texts, the versatility of functional topics is integrated with the social and cultural features in Macao daily life. In this way, the learning process can be better blended with the local environment. In response to Macao's language policy and for the enhancement of the students' ability to read both simplified and traditional Chinese characters, the texts and vocabulary are presented in both, with *pinyin* attached only to texts in simplified Chinese. Moreover, for the benefit of Portuguese-speaking students, new words, notes, explanatory notes on phrases and sentences, grammatical points, Chinese character knowledge, and Chinese cultural knowledge are presented trilingually in Chinese, English and Portuguese.

Regarding the basic structure of the Textbook, there are several parts in each lesson, including Text, New words, Notes, Explanatory notes on phrases and sentences, Grammar points, Knowledge about Chinese characters and Chinese Cultural knowledge. The exercises will be given in a separate workbook. Lesson One through Lesson Ten of Volume One each contains an extra part of Phonetic knowledge. This is because at this stage, how to make correct pronunciation in Chinese is vital for beginners. Yet, since this is a general textbook, it is neither practicable nor necessary to include exhaustive explanations and exercises on Chinese pronunciation. We recommend special listening and speaking classes targeting at phonetic drills. Hence, in our textbook only the key phonetic points and the relevant exercises are included. A fundamental principle for phonetic study here is succinctness and efficiency.

With regard to new words in Volumes One and Two, the selection criteria are in compliance with the *Goals and Contents of Level I, Level II and Level III* of *The International Curriculum for Chinese Language Education* (2014, Rev. ed.).

Notes of this book are about the terms that are culturally rich but unsuitable to be listed as basic words. The explanatory notes on phrases and sentences, on the other hand, are the contents that are grammatically valuable but are not suitable to appear as major grammatical points. In this way, students may understand better.

The selection of grammatical points as well is based on the *Goals and Contents of Level I, Level II and Level III* of *The International Curriculum for Chinese Language Education* (2014, Rev. ed.). However, the sequence of their appearances is appropriately adjusted to meet the needs of the functional topics. How to better combine functional topics with language structures has long been a challenge that many textbooks of international Chinese have faced. We have also made an effort in this aspect and hope to have achieved satisfactory results.

Knowledge about Chinese characters is in line with the basic requirements laid out in the *Goals and Contents of Level I, Level II and Level III* of *The International Curriculum for Chinese Language Education* (2014, Rev. ed.). The characters that the students are expected to recognize and write have maximally covered the scope of *Level I*, *Level II* and *Level III* required by the same curriculum.

The part of Chinese cultural knowledge is compatible with the overall structure of the textbook as well as with the text of each lesson, with the traditional culture and social changes in contemporary China fully considered. Moreover, we have also presented some cultural highlights that may interest overseas learners.

With regard to translation, the Portuguese and English texts in this textbook show the fruit of the joint efforts by MPI's top teaching and research experts in Chinese, English, and Portuguese. In the light of the student-centered principle, we have endeavored to make the English and Portuguese translations accurate, succinct and easy to understand. In the explications of the grammatical points as well as in the notes and explanatory notes on phrases and sentences, we have deliberately avoided using too much technical jargon, without, however, compromising the absorption into the renderings the latest achievements in studies both at home and abroad.

| Preface |

In the presentation of the Chinese example sentences in English and Portuguese in the Explanatory Notes on Phrases and Sentences section, the unique features of the original Chinese sentences are preserved so that our target students could have a taste of the original Chinese language flavor from early on. Similarly, on the basis of truthfulness to the Chinese original, careful consideration is given to the translation of the sections regarding Phonetic knowledge, Knowledge about Chinese characters, and Chinese cultural knowledge in terms of the beginning learners' Chinese language proficiency and their ability to acquire new Chinese-native concepts and ideas.

The compainion Workbook for Volumes One and Two of this textbook at the elementary level should be used with the Student's Book. Exercises are designed in the light of the corresponding texts. And an appropriate amount of additional exercises is also offered to further students' studies. The phonetic exercises are available through the Workbook for Volume One. Although in Lesson Eleven and Lesson Twelve of the Student's Book, there is no part about phonetic knowledge, yet the Workbook contains phonetic exercises to consolidate the learning of the first ten lessons. In the vocabulary exercises, grammar exercises, communication exercises, Chinese characters exercises, reading and writing exercises, and task activities, each of these sections contains several types of questions. In addition to the exercises for each lesson, there are seven more units of exercises that help students to summarize, review, and enhance what they have studied.

Textbooks are the basis for teachers to organize teaching and learning. Textbooks stipulate contents, and to a considerable extent affect the teaching and learning quality. Whether a textbook is successful or not has a direct impact on the quality and standard of the curriculum. Since International Chinese Language Education is a new program of Macao Polytechnic Institute, the development of textbooks for this program has been strongly supported by the MPI Board of Management and the School of Languages and Translation. The colleagues who have participated in this project all have had rich experience in International Chinese Language Education, Chinese/Portuguese translation, and Chinese/English translation. They have overcome many difficulties encountered in the three-language collaboration. Jointly and diligently, they managed to integrate the latest findings in international Chinese teaching and research, Chinese language studies, and second language acquisition into the textbook development, which therefore has pegged it at a higher and more forward-looking vantage point. They have accumulated some valuable experience that can be used as a reference for similar textbook projects in the future.

We are especially grateful to the great support from the Commercial Press, and would like to thank Ms. Hua Sha, the editor in charge, for her professionalism and industriousness. Although the textbook has been revised several times and has been used experimentally in the School of Languages and Translation of Macao Polytechnic Institute by students from Portugal, Brazil, Cape Verde, Mozambique , Italy, and other countries and regions, the meticulous proofreading and valuable comments by the editors of the Commercial Press are indispensable for its successful publication.

Textbook development is an assiduous and arduous task. A good textbook must be tested repeatedly through the teaching and learning processes. Feedback from teachers and students no doubt will be enormously helpful to our future revisions. We look forward to constructive comments from our users. This is the first international Chinese textbook written by an institution of higher education in Macao. We hope that it will prove practical, easy to use, and durable. More importantly, we will update it timely. It is our sincere wish that it can eventually become one of the classic textbooks in international Chinese language education.

Professor Lei Heong Iok
Editor-In-Chief
Finalized in mid-summer, 2020

第一课　你好！

Lição 1　Olá!
Lesson 1　Hello!

国际汉语教程（初级篇）

课文 Texto / Text

你好！ Olá! / Hello!

罗飞龙：你好，何爱丽！
Luó Fēilóng: Nǐ hǎo, Hé Àilì!

何爱丽：罗飞龙，你好！
Hé Àilì: Luó Fēilóng, nǐ hǎo!

马修文、何爱丽：杨老师，您好！
Mǎ Xiūwén, Hé Àilì: Yáng lǎoshī, nín hǎo!

杨老师：你们好！
Yáng lǎoshī: Nǐmen hǎo!

安梅兰：陈教授，您最近好吗？
Ān Méilán: Chén jiàoshòu, nín zuìjìn hǎo ma?

陈教授：我很好。你呢，梅兰同学？
Chén jiàoshòu: Wǒ hěn hǎo. Nǐ ne, Méilán tóngxué?

安梅兰：我也很好。谢谢！
Ān Méilán: Wǒ yě hěn hǎo. Xièxie!

你好！

羅飛龍：你好，何愛麗！
何愛麗：羅飛龍，你好！

馬修文、何愛麗：楊老師，您好！
楊老師：你们好！

安梅蘭：陳教授，您最近好嗎？
陳教授：我很好。你呢，梅蘭同學？
安梅蘭：我也很好。謝謝！

第一课

生词 Vocabulário / New words

你		nǐ	代	Pron	tu	you
好		hǎo	形	Adj	bom	good, fine, OK
老师	老師	lǎoshī	名	N	professor	teacher
您		nín	代	Pron	o senhor/a senhora	you (honorific)
你们	你們	nǐmen	代	Pron	vós	you (plural)
教授		jiàoshòu	名	N	professor (catedrático)	professor
最近		zuìjìn	名	N	recentemente, ultimamente	recent time, recently
吗	嗎	ma	语助	MdPt	*partícula usada no final de uma interrogativa do tipo sim-não*	*an interrogative particle used at the end of a yes-no question*
我		wǒ	代	Pron	eu	I, me
很		hěn	副	Adv	muito	very
呢		ne	语助	MdPt	*partícula usada numa interrogativa elíptica*	*an interrogative particle used for an elliptical question*
同学	同學	tóngxué	名	N	aluno	fellow student, student, classmate
也		yě	副	Adv	também	also, too
谢谢	謝謝	xièxie	动	V	obrigado	to thank, thank you, thanks

专有名词 Nomes próprios / Proper nouns

罗飞龙	羅飛龍	Luo Feilong	Luo Feilong
何爱丽	何愛麗	He Aili	He Aili
马修文	馬修文	Ma Xiuwen	Ma Xiuwen
杨	楊	Yang	Yang

国际汉语教程（初级篇）

安梅兰	安梅蘭	An Meilan	An Meilan
陈	陳	Chen	Chen

词句解释 Notas explicativas sobre frases
Explanatory notes on phrases and sentences

❶ 你好

"你好"是中国人经常使用的问候语。例如：

A：你好，何爱丽！

B：罗飞龙，你好！

Olá, como estás?

你好 (nǐ hǎo) é expressão frequentemente usada quando se cumprimenta em chinês. Significa "Olá" ou "Como estás? /Como vais?". Por exemplo:

A：你好，何爱丽！

B：罗飞龙，你好！

How are you?

你好 (nǐ hǎo) is a commonly used expression of greeting in Chinese, meaning "Hello" "How are you?" or "How do you do?". For example:

A：你好，何爱丽！

B：罗飞龙，你好！

❷ 您好

"您好"，问候语，一般用于问候比自己年长或自己尊重的人。例如：

A：杨老师，您好！

B：你好！

Olá, como está?

您好 (nín hǎo) é expressão frequentemente usada quando se cumprimenta as pessoas de idade ou de respeito. Por exemplo:

A：杨老师，您好！

B：你好！

How are you?

您好 (nín hǎo) is a commonly used expression of greeting in Chinese to an elderly or a respectable person. For example:

A：杨老师，您好！

B：你好！

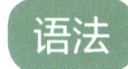
Gramática
Grammar

❶ 人称代词

人称代词是对人或事物起称代作用的词。汉语的人称代词主要包括：我、你、您、他、她、它，及其复数形式：我们、你们、他们、她们、它们。例如：

我很好。

他们很好。

你们好吗？

Pronomes pessoais

Pronomes pessoais são formas que servem para se referir aos nomes de pessoas ou de objectos. Os pronomes pessoais em chinês incluem 我 (wǒ: eu, me), 你 (nǐ: tu, te), 您 (nín: o senhor/a senhora, o/a, lhe), 他 (tā: ele, o, lhe), 她 (tā: ela, a, lhe), e 它 (tā: ele/ela, o/a, lhe), bem como as suas formas plurais: 我们 (wǒmen: nós, nos), 你们 (nǐmen: vocês, vos/lhes), 他们 (tāmen: eles, os, lhes), 她们 (tāmen: elas, as, lhes) e 它们 (tāmen: eles/elas, os/as, lhes). Por exemplo:

我很好。

他们很好。

你们好吗？

Personal pronouns

Personal pronouns are used to refer to people or things. The personal pronouns in Chinese mainly include 我 (wǒ: I, me), 你 (nǐ: you), 您 (nín: you), 他 (tā: he, him), 她 (tā: she, her), and 它 (tā: it) and their plural forms 我们 (wǒmen: we, us), 你们 (nǐmen: you), 他们 (tāmen: they, them) and 她们 (tāmen: they, them). For example:

我很好。

他们很好。

国际汉语教程（初级篇）

你们好吗？

汉语中的"它"及其复数形式"它们"是用来指人以外的事物，包括动植物和无生命的东西。例如：

它很好。
它们很好。
它们好吗？

Em chinês o pronome 它 (tā: ele/ela, o/a, lhe) e a sua forma plural 它们 (tāmen: eles/elas, os/as, lhes) servem para se referir a tudo excepto os seres humanos. Podem referir-se a animais, plantas e a objectos sem vida. Por exemplo:

它很好。
它们很好。
它们好吗？

它 (tā: it) and its plural form 它们 (tāmen: they, them) in Chinese are used to refer to things other than people, including animals, plants, and inanimate things. For example:

它很好。
它们很好。
它们好吗？

汉语中的"您"是"你"的尊称，一般不用复数形式。例如：
A：梅兰同学，你好！
B：您好，陈教授。

Em chinês o 您 (nín: o senhor/a senhora) é a forma cortês do pronome 你 (nǐ: tu), e apresentar-se-á normalmente apenas na forma singular. Por exemplo:

A：梅兰同学，你好！
B：您好，陈教授。

您 (nín: you) is an honorific form of 你 (nǐ: you). 您 is usually used in its singular form. For example:

A：梅兰同学，你好！

B：您好，陈教授。

❷ 疑问语气词"吗"构成的疑问句

"吗"是疑问语气助词。在汉语陈述句句尾加上"吗"，可将其变为用来询问是与非的疑问句，表示说话人希望得到肯定或否定的答复。例如：

你最近好吗？

Interrogativa com partícula 吗

吗 (ma) é partícula interrogativa. Em chinês, uma interrogativa poderá ser formada acrescentado a partícula 吗 no final de uma frase declarativa, que significa que o orador está a aguardar uma resposta afirmativa ou negativa. Por exemplo:

你最近好吗？

Interrogative sentences with 吗

吗 (ma) is an interrogative particle. A general interrogative sentence in Chinese can be formed by adding 吗 at the end of a declarative sentence to indicate that the speaker hopes to get an affirmative or negative answer. For example:

你最近好吗？

语音知识 | Fonética | Phonetic knowledge

❶ 汉语的音节结构

汉语中一个音节一般用一个汉字来表示，儿化音除外。汉语的音节一般由声母（辅音声母不出现则为零声母）、韵母和声调三部分组成，例如：mǎ、héng、liè。现代汉语普通话有 400 多个基本音节。

国际汉语教程（初级篇）

Estrutura silábica da língua chinesa

Cada carácter chinês pronuncia-se como uma sílaba independente, que é normalmente composta por uma consoante inicial (shēngmǔ, Se não houver consoante inicial no início de uma sílaba, é considerada como uma inicial zero), uma vogal final (yùnmǔ) e um tom (shēngdiào), como, por exemplo, mǎ, héng, e liè. Existem mais de 400 sílabas básicas em *putonghua*.

The syllabic structures of the chinese language

A Chinese character is usually monosyllabic, except for r retroflection. A Chinese syllable is usually composed of an initial consonant (shēngmǔ) (the absence of a consonant initial is considered a zero initial), a final vowel (yùnmǔ) and a tone (shēngdiào), such as mǎ, héng, and liè. There are over 400 basic syllables in *putonghua*.

❷ 声母和韵母

每个音节开头的辅音叫作"声母"，例如：b、ch、n。声母后面的部分叫作"韵母"，例如：a、ei、ing。

Iniciais e finais

A consoante que inicia cada sílaba é designada consoante inicial (inicial), como, b, ch e n. A parte que se segue é a vogal final (final), por exemplo, a, ei e ing.

Initials and finals

An initial is a consonant at the beginning of a Chinese syllable, such as b, ch and n, and a final is the rest of the syllable, such as a, ei and ing.

汉语普通话的声母都是辅音。汉语普通话共有 21 个声母：

As iniciais são normalmente consoantes. Tirando o caso de "zero-inicial" (casos em que não se encontra consoante pronunciada no início de uma sílaba), são, no total, 21 iniciais em *putonghua*:

The initials of *putonghua* are composed of consonants. There are 21 initials in Chinese:

b	p	m	f
d	t	n	l

g	k	h	
j	q	x	
zh	ch	sh	r
z	c	s	

汉语普通话的韵母有单韵母（单元音韵母，如 a、o、e）、复韵母（复合元音韵母，如 ao、ai、ia）、鼻韵母（带鼻音的韵母，如 an、en、ang、eng）。除去 4 个特殊的韵母（er、ê、-i[ɿ]、-i[ʅ]），汉语普通话共有 35 个韵母：

As finais em *putonghua* incluem finais simples (vogais simples, como, a, o e e), finais compostas (ditongos, como, ao, ai e ia) e finais nasais (vogais nasais, como, an, en, ang e eng). Tirando as quatro finais especiais (er, ê, -i [ɿ] e -i [ʅ]), são no total 35 finais em *putonghua*:

The finals of *putonghua* consist of simple finals such as a, o and e, compound finals such as ao, ai and ia, and nasal finals such as an, en, ang and eng. Exclusive of the four special finals (er, ê, -i[ɿ] and -i[ʅ]), there is a total of 35 finals in *putonghua*.

单韵母　Finais simples　Simple finals

a	o	e	i	u	ü

复韵母　Finais compostas　Compound finals

ai	ei	ao	ou
ia	ie	iao	iou (iu)
ua	uo	uai	uei (ui)
üe			

鼻韵母　Finais nasais　Nasal finals

an	ang	en	eng	ong
ian	iang	in	ing	iong
uan	uang	uen (un)	ueng	
üan	ün			

国际汉语教程（初级篇）

❸ 声调

汉语普通话语音有四个基本声调：第一声（高平调）、第二声（升调）、第三声（降升调）、第四声（降调），它们分别用 ˉ、ˊ、ˇ 和 ˋ 这四个声调符号来表示。声调有区别意义的作用，声调不同，所表示的意义也不同。例如：

bā	bá	bǎ	bà
八	拔	靶	爸
mā	má	mǎ	mà
妈	麻	马	骂

Tons

O *putonghua* tem quatro tons básicos: o primeiro (alto e agudo), o segundo (que começa médio e sobe), o terceiro (que começa baixo, fica mais baixo ainda e sobe até ao alto) e o quarto (que começa alto e desce rápido e directo), que são respectivamente marcados com ˉ, ˊ, ˇ e ˋ. Os diferentes tons representam diferentes significados. Por exemplo:

bā	bá	bǎ	bà
八 (oito)	拔 (arrancar)	靶 (alvo)	爸 (pai)
mā	má	mǎ	mà
妈 (mãe)	麻 (linho)	马 (cavalo)	骂 (praguejar)

Tones

There are four basic tones in *putonghua*, namely, the first (high and level), second (rising), third (falling-rising) and fourth (falling) represented respectively by ˉ, ˊ, ˇ and ˋ. In *putonghua*, tones make semantic differences. Namely, different tones make different meanings. For example:

bā	bá	bǎ	bà
八 (eight)	拔 (pluck)	靶 (target)	爸 (father)
mā	má	mǎ	mà
妈 (mother)	麻 (linen)	马 (horse)	骂 (curse)

声调符号要标在主元音（响度最大的元音）上，例如：mǎ（马）、wǒ（我）、lǜ（绿）、diū（丢）、hǎo（好）、luó（罗）、lěng（冷）。元音 i 上有调号时，要去掉 i 上的点，例如：nǐ（你）、lín（林）。

· 10 ·

Os marcadores dos tons são colocados por cima das vogais principais (onde reside a maior intensidade), por exemplo, mǎ 马, wǒ 我, lǜ 绿, diū 丢, hǎo 好, luó 罗 e lěng 冷. No caso da vogal i, quando leva um marcador, apaga-se o seu ponto, como, nǐ 你 e lín 林.

In *pinyin* spelling, a tone is generally marked above the main vowel of a Chinese syllable, such as mǎ 马, wǒ 我, lǜ 绿, diū 丢, hǎo 好, luó 罗, lěng 冷. When the tone is marked above i, its dot should be omitted, such as nǐ 你 and lín 林.

❹ 声母 b、p、m、f 的发音要领

b：双唇紧闭，猛然打开，使气流爆发而出。声带不振动。不送气。
p：双唇紧闭，猛然打开，使气流爆发而出。声带不振动。送气。
m：双唇紧闭，小舌、软腭下垂，气流从鼻腔出来。声带振动。
f：上齿与下唇接触，留有缝隙，气流从缝隙中摩擦而出。声带不振动。

Como pronunciar b, p, m e f

b: Pronuncia-se, juntando e pressionando os lábios, abrindo-se, em seguida, a boca para a saída explosiva do ar. Não aspirado e sem a vibração das cordas vocais.

p: Pronuncia-se, juntando ou pressionando os lábios de boca fechada, abrindo em seguida a boca para a saída abrutada do ar. Aspirando-a sem a vibração das cordas vocais, ou seja aspirado.

m: Pronuncia-se com os lábios cerrados, abaixamento da úvula e do véu palatino e, em seguida, com a expiração do ar através das fossas nasais. Com a vibração das cordas vocais.

f: Pronuncia-se, com a colocação ou o posicionamento dos dentes superiores sobre o lábio inferior, e entre os dentes superiores e o lábio inferior deixando um espaço onde sai o ar. E pronuncie sem a vibração das cordas vocais.

How to pronounce b, p, m, and f

b: Close lips tightly and open them suddenly to make the breath pop out without vocal cords vibration nor aspiration.

p: Close lips tightly and then open them suddenly to make the breath pop out while aspirating without vibrating the vocal cords.

m: Close lips tightly with the uvula and soft palate lowered to let the breath pass through the nasal cavity while vibrating the vocal cords.

f: Put the upper teeth on the lower lip with a gap between them to let the breath out with friction without vibrating the vocal cords.

国际汉语教程（初级篇）

❺ 韵母 a、o、e、i、u、ü 的发音要领

a：口大开，舌位央、低，唇不圆。
o：口半开，舌位后、半高，唇圆。
e：口半开，舌位后、半高，唇不圆。
i：口微开，舌位前、高，唇扁平，上下齿相对。
u：口微开，舌位后、高，唇最圆。
ü：口微开，舌位前、高，唇最圆。

Como pronunciar a, o, e, i, u e ü

a: Pronuncia-se com maior abertura bucal, a língua na posição intermédia e baixa e os lábios não arredondados.

o: Pronuncia-se com média abertura bucal, a língua em direcção posterior da boca e na posição semi-levantada e os lábios arredondados.

e: Pronuncia-se com média abertura bucal, a língua em direcção posterior da boca e na posição semi-levantada e os lábios não arredondados.

i: Pronuncia-se com uma ligeira abertura da boca, a língua empurrada para frente da boca e na posição levantada e os lábios esticados. Manter os dentes inferiores e superiores alinhados.

u: Pronuncia-se com pouca abertura bucal, a língua em direcção posterior da boca e na posição levantada e os lábios completamente arredondados.

ü: Pronuncia-se com pouca abertura bucal, a língua em direcção anterior da boca e na posição levantada e os lábios completamente arredondados.

How to pronounce a, o, e, i, u, and ü

a: Open the mouth wide with the highest part of the tongue centered and lowered, and the lips unrounded.

o: Half open the mouth with the highest part of the tongue half raised and positioned towards the back, and the lips rounded.

e: Half open the mouth with the highest part of the tongue half raised and positioned towards the back, and the lips unrounded.

i: Slightly open the mouth with the highest part of the tongue raised and positioned towards the back, and the lips flat and even. Keep the upper and lower teeth horizontally aligned.

u: Slightly open the mouth with the highest part of the tongue raised and positioned towards the back, and the lips intensely rounded.

ü: Slightly open the mouth with the highest part of the tongue raised and positioned towards the front, and the lips intensely rounded.

❻ 声韵拼合
Combinação inicial-final
Initial-final combinations

声母 Iniciais Initials	韵母 Finais Finals					
	a	o	e	i	u	ü
b	ba	bo		bi	bu	
p	pa	po		pi	pu	
m	ma	mo	me	mi	mu	
f	fa	fo			fu	

汉字知识
Conhecimentos sobre caracteres chineses
Knowledge about Chinese characters

汉字的笔画

笔画是汉字形体的最小单位。书写汉字时,汉字笔画运行的方向是有一定规则的。例如:写一(横)的时候,必须从左到右,而不能从右到左;写丨(竖)的时候,必须从上到下,而不能从下到上。

Traços dos caracteres chineses

O traço é o mínimo componente de um carácter chinês. A direcção da escrita dos traços segue certas regras, como, o traço horizontal 一 (héng) escreve-se da esquerda para a direita (e nunca da direita para a esquerda), e o traço vertical 丨 (shù) de cima para baixo (e nunca de baixo para cima).

Strokes of Chinese characters

A stroke is the smallest component in Chinese character writing. Some writing rules must be followed. For example, a horizontal stroke 一 (héng) has to be written from left to right and a vertical stroke 丨 (shù), from top to down.

汉字的笔画分为基本笔画和复合笔画。基本笔画由简单的点或线构成;复合笔画由

国际汉语教程（初级篇）

两个或两个以上的笔画联结而成。

Os traços dos caracteres chineses classificam-se em duas categorias: traços simples e traços compostos. Os traços simples são compostos por um ponto ou uma linha, enquanto os traços compostos são formados por dois ou mais traços seguidos.

The strokes of Chinese characters fall into two major categories: simple strokes and compound strokes. The former is composed of simple dots or lines and the latter, of two or more combined strokes.

汉字的基本笔画
Traços simples dos caracteres chineses:
Simple strokes of Chinese characters:

笔画名称 Nomes dos traços Names of strokes	笔画形状 Forma dos traços Shapes of strokes	笔画走向 Direcção dos traços Directions of strokes	例字 Exemplos Examples
横 héng Traço horizontal Horizontal stroke	一	一	十
竖 shù Traço vertical Vertical stroke	｜	｜	中
撇 piě Traço inclinado à esquerda Downward-left stroke	丿	丿	人
点 diǎn Ponto Dot	、	、	六
捺 nà Traço inclinado à direita Downward-right stroke	㇏	㇏	大
提 tí Traço para cima Upward stroke	㇀	㇀	打

汉字的复合笔画

Traços compostos dos caracteres chineses:

Compound strokes of Chinese characters:

笔画名称 Nomes dos traços Names of strokes	笔画形状 Forma dos traços Shapes of strokes	笔画走向 Direcção dos traços Directions of strokes	例字 Exemplos Examples
横折 héngzhé Traço horizontal seguido de uma curva para baixo Horizontal stroke with a downward turn	ㄱ	ㄱ	日
横撇 héngpiě Traço horizontal seguido de outro inclinado para a esquerda Horizontal stroke with a downward turn to the left	ㄱ	ㄱ	又
横钩 hénggōu Traço horizontal com um gancho Horizontal stroke with a hook	⏋	⏋	子
竖提 shùtí Traço vertical seguido de outro para cima Vertical stroke with an upward turn to the right	ㄴ	ㄴ	民
竖钩 shùgōu Traço vertical com um gancho Vertical stroke with a hook to the left	亅	亅	小
竖折 shùzhé Traço vertical seguido de outro horizontal para a direita Vertical stroke with a horizontal turn to the right	ㄴ	ㄴ	山

国际汉语教程（初级篇）

笔画名称 Nomes dos traços Names of strokes	笔画形状 Forma dos traços Shapes of strokes	笔画走向 Direcção dos traços Directions of strokes	例字 Exemplos Examples
竖弯 shùwān Traço vertical (oblíquo) seguido de uma curva para a direita Vertical stroke with a curved turn to the right	ㄴ	ㄴ	四
撇点 piědiǎn Traço oblíquo para a esquerda seguido de um ponto prolongado para a direita Downward stroke to the left and then an extended dot to the right	〈	〈	女
撇折 piězhé Traço oblíquo para a esquerda seguido de uma curva horizontal à direita Downward stroke to the left and then a horizontal turn to the right	ㄥ	ㄥ	去
斜钩 xiégōu Traço oblíquo para a direita seguido de um gancho para cima Downward slant stroke to the right with a hook	ㄟ	ㄟ	我
横折钩 héngzhégōu Traço horizontal seguido de uma curva vertical com um gancho para a esquerda Horizontal stroke and then a downward turn with a hook	刀	刀	月
竖弯钩 shùwāngōu Traço vertical seguido de uma curva horizontal com um gancho para cima Vertical stroke and then a horizontal turn to the right with a hook	ㄴ	ㄴ	七

笔画名称 Nomes dos traços Names of strokes	笔画形状 Forma dos traços Shapes of strokes	笔画走向 Direcção dos traços Directions of strokes	例字 Exemplos Examples
横折弯钩 héngzhéwāngōu Traço horizontal seguido de uma curva vertical para a direita com um gancho Horizontal stroke and then a vertical turn to the right with a hook	㇈	㇈	九
竖折折 shùzhézhé Traço vertical seguido de um horizontal e de outro vertical Vertical stroke with a horizontal turn to the right and then a downward turn	㇗	㇗	鼎
竖折折钩 shùzhézhégōu Traço vertical seguido de um horizontal e de outro (curvo) vertical com um gancho Vertical stroke with a horizontal turn to the right and then a downward turn with a hook	㇉	㇉	第

中华文化知识
Conhecimentos culturais chineses
Chinese cultural knowledge

汉语和汉字

汉语是汉民族的共同语，是中国的国家通用语言，也是联合国六种工作语言之一。汉语是世界上最主要的语言之一，属汉藏语系。汉语是世界上使用人数最多的语言，主要通用于中国（包括香港、澳门和台湾地区）、新加坡及马来西亚、印度尼西亚、缅甸、泰国、美国、加拿大、澳大利亚、新西兰、日本等国家的华人社区。

汉字是用于书写汉语的文字，是中国的国家通用文字。汉字也被借用于书写日语、朝鲜语等语言，在汉字文化圈广泛使用。汉字属表意文字体系，是世界上迄今为止连续使用时间最长的文字，其确切可考的历史可追溯至约公元前1300年商朝（公元前17世纪—公元前11世纪）的甲骨文。

汉字有繁体和简体之分。所谓繁体字，指的是在汉字简化中被简化字所代替的汉字，

国际汉语教程（初级篇）

有时也指汉字简化之前的整个汉字书写系统。繁体字至今已有三千年以上的历史，直到1956年中国开始全面推行简体字之前，一直是在各地华人中通用的标准汉字。目前，繁体字主要在中国的香港、澳门和台湾地区使用。

　　1956年1月28日，中华人民共和国国务院通过了《关于公布〈汉字简化方案〉的决议》，开始全面推行简体字。1964年5月，中国文字改革委员会出版了《简化字总表》，共收录了两千多个简化汉字，这就是今天通行的简体字。除中国外，简体字还被新加坡、马来西亚、印度尼西亚等国家采用。中国在文物古迹、姓氏异体字、书法篆刻、手书题词等情况下仍保留或使用繁体字。

　　与繁体字相比，简体字的笔画大为减少，使学习和书写汉字变得方便了许多。繁简体汉字对比如下所示：

繁体字	简体字
漢	汉
國	国
寫	写
學	学
龍	龙
聲	声
變	变
豐	丰
盡	尽
蘭	兰

A língua chinesa e os caracteres chineses

Sendo a língua comum da etnia Han, a língua chinesa é língua comum e oficial da República Popular China e uma das seis línguas de trabalho oficiais das Nações Unidas. Como uma das línguas mais faladas do mundo, a língua chinesa, que pertence à família sino-tibetana, conta com o maior número de falantes do mundo. É principalmente falada nos países como a China (incluindo Hong Kong, Macau e Taiwan), Singapura e nas comunidades chinesas espalhadas pelo mundo, como, a Malásia, a Indonésia, a Birmânia, a Tailândia, os Estados Unidos, o Canadá, a Austrália, a Nova Zelândia, o Japão, etc.

Caracteres chineses são a forma escrita da língua falada chinesa, e constituem o script oficial desta língua comum nacional. São empregados também no sistema escrito das outras línguas, tais como coreano, japonês, etc., contribuindo assim para a formação de círculo cultural dos caracteres chineses. Os caracteres chineses são ideográficos e contam, até hoje, com a maior história de uso consecutivo, remontando à escrita oráculo em ossos da Dinastia Shang (Séc. XVII a. C. – XI a. C.), por volta de 1300 a. C.

Os caracteres são classificados em simplificados e tradicionais, os últimos poderão referir-se aos caracteres que foram substituídos no processo de simplificação, e também, às vezes, a todo o sistema escrito antes de ser simplificado. Com uma história de mais de três mil anos, os caracteres tradicionais eram comummente utilizados pelas comunidades chinesas do mundo inteiro antes de 1956, ano em que começou a simplificação. Hoje em dia, os caracteres tradicionais são usados principalmente em Hong Kong, Macau e Taiwan.

A 28 de Janeiro de 1956, o Conselho de Estado da República Popular da China publicou a Resolução sobre a Promulgação da Proposta da Simplificação dos Caracteres Chineses, com a qual se iniciou o processo global de simplificação dos caracteres tradicionais. Posteriormente, em Maio de 1964, o Comité das Reformas no Sistema Escrito em Língua Chinesa publicou a Lista Geral dos Caracteres Chineses Simplificados, em que se incluem mais de 2 000 caracteres simplificados. Para além, os caracteres simplificados são também utilizados nos países como Singapura, Malásia e Indonésia. Contudo, ainda se usam os caracteres tradicionais em várias ocasiões, como por exemplo, nos achados arqueológicos, nos monumentos históricos, nas formas variadas dos caracteres em certos apelidos (antigos), na caligrafia tradicional, na escultura selo e nas inscrições.

Em comparação com os tradicionais, os caracteres simplificados contêm menos traços, o que facilita a sua aprendizagem e escrita. Por exemplo:

Tradicionais	Simplificados
漢	汉
國	国
寫	写
學	学
龍	龙
聲	声
變	变
豐	丰
盡	尽
蘭	兰

国际汉语教程（初级篇）

The Chinese language and Chinese characters

Chinese is the common language of the Chinese Han nationality, the National Common Language of the People's Republic of China, and one of the six official working languages of the United Nations. The Chinese language belongs to the Sino-Tibetan language family and has the largest number of native speakers in the world. It is mainly used in countries and regions such as China (including Hong Kong, Macao, and Taiwan), Singapore, and in overseas Chinese communities in Malaysia, Indonesia, Burma, Thailand, the United States of America, Canada, Australia, New Zealand, and Japan.

Chinese characters are the written form of the Chinese spoken language. They have also been used to write such languages as Japanese and Korean, thus having formed a Chinese-character cultural circle. Chinese characters are ideographic, being a written language with the longest continuous history in the world. Solid excavation data of Chinese characters dated back to oracle bone inscriptions of the Shang Dynasty (17th century B.C. – 11th century B.C.), around 1300 B.C..

There are two types of Chinese characters: the traditional and the simplified. The former refers to the Chinese characters before the simplified ones introduced during the simplification process and it sometimes refers to the whole writing system of Chinese characters before they were simplified. With a history of over 3 000 years, the traditional Chinese characters were commonly used among the Chinese people across the world until 1956 when they began to be simplified. Today, traditional Chinese characters are mainly used in China's Hong Kong, Macao, and Taiwan.

On January 28, 1956, the State Council of the People's Republic of China released *The Resolution Regarding the Promulgation of the "Chinese Character Simplification Scheme"*, which marked the beginning of the systematic simplification of traditional Chinese characters. Later in May, 1964, the Committee for Reforming the Chinese Written Language published *A Complete List of Simplified Chinese Characters*, including over 2 000 simplified Chinese characters, which are now commonly used. In addition to the China, the simplified Chinese characters are also used in Singapore, Malaysia and Indonesia. However, traditional Chinese characters are also still used for various purposes, such as writings about cultural relics and historic sites, variant forms of Chinese characters in names, traditional calligraphy, seal cutting and inscriptions.

Compared with traditional Chinese characters, the simplified ones contain fewer strokes, making them easier to learn and faster to write. Compare the following pairs of Chinese characters. The characters on the left are the traditional while those on the right are the simplified:

Traditional	Simplified
漢	汉
國	国
寫	写
學	学
龍	龙
聲	声
變	变
豐	丰
盡	尽
蘭	兰

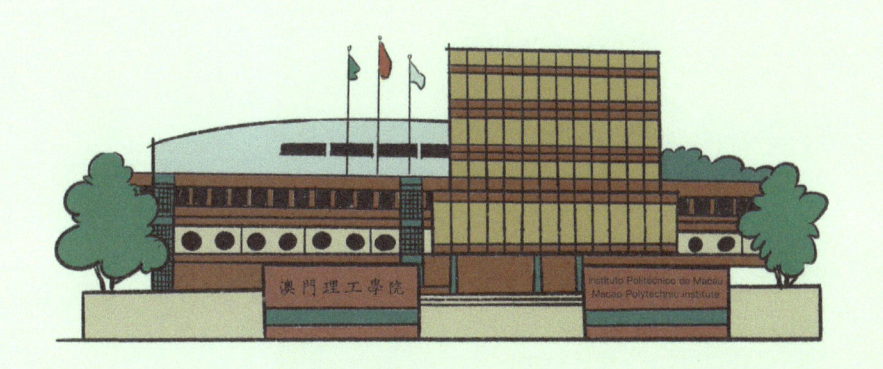

第二课　你叫什么名字？

Lição 2　Como se chama?

Lesson 2　What's your name?

国际汉语教程（初级篇）

课文 | Texto / Text

你叫什么名字? — Como se chama? / What's your name?

罗飞龙：你好！
Luó Fēilóng: Nǐ hǎo!

安梅兰：你好！
Ān Méilán: Nǐ hǎo!

罗飞龙：请问，你叫什么名字？
Luó Fēilóng: Qǐngwèn, nǐ jiào shénme míngzi?

安梅兰：我叫安梅兰。你呢？
Ān Méilán: Wǒ jiào Ān Méilán. Nǐ ne?

罗飞龙：我叫罗飞龙。
Luó Fēilóng: Wǒ jiào Luó Fēilóng.

安梅兰：你的中文名字真不错！你是哪国人？
Ān Méilán: Nǐ de Zhōngwén míngzi zhēn bùcuò! Nǐ shì nǎ guó rén?

罗飞龙：我是葡萄牙人。你呢？
Luó Fēilóng: Wǒ shì Pútáoyárén. Nǐ ne?

安梅兰：我是俄罗斯人。我从莫斯科来。
Ān Méilán: Wǒ shì Éluósīrén. Wǒ cóng Mòsīkē lái.

刘大江：老师，您贵姓？
Liú Dàjiāng: Lǎoshī, nín guìxìng?

杨老师：我姓杨。你呢？
Yáng lǎoshī: Wǒ xìng Yáng. Nǐ ne?

刘大江：我姓刘，叫刘大江。老师，您是哪里人？
Liú Dàjiāng: Wǒ xìng Liú, jiào Liú Dàjiāng. Lǎoshī, nín shì nǎli rén?

杨老师：我是北京人。你是南方人吧？
Yáng lǎoshī: Wǒ shì Běijīngrén. Nǐ shì nánfāngrén ba?

刘大江：是的，我是南京人。
Liú Dàjiāng: Shì de, wǒ shì Nánjīngrén.

何爱丽：我叫何爱丽。我是巴西人。我学汉语。
Hé Àilì: Wǒ jiào Hé Àilì. Wǒ shì Bāxīrén. Wǒ xué Hànyǔ.
马修文：我叫马修文，美国人。我也学汉语。
Mǎ Xiūwén: Wǒ jiào Mǎ Xiūwén, Měiguórén. Wǒ yě xué Hànyǔ.
李嘉玲：我是广州人。我的名字叫李嘉玲。我学葡萄牙语。
Lǐ Jiālíng: Wǒ shì Guǎngzhōurén. wǒ de míngzi jiào Lǐ Jiālíng. Wǒ xué Pútáoyáyǔ.
刘大江：我是刘大江，南京人。我学英语。
Liú Dàjiāng: Wǒ shì Liú Dàjiāng, Nánjīngrén. Wǒ xué Yīngyǔ.

你叫什麼名字？

羅飛龍：你好！
安梅蘭：你好！
羅飛龍：請問，你叫什麼名字？
安梅蘭：我叫安梅蘭。你呢？
羅飛龍：我叫羅飛龍。
安梅蘭：你的中文名字真不錯！你是哪國人？
羅飛龍：我是葡萄牙人。你呢？
安梅蘭：我是俄羅斯人。我從莫斯科來。

劉大江：老師，您貴姓？
楊老師：我姓楊。你呢？
劉大江：我姓劉，叫劉大江。老師，您是哪裏人？
楊老師：我是北京人。你是南方人吧？
劉大江：是的，我是南京人。

何愛麗：我叫何愛麗。我是巴西人。我學漢語。
馬修文：我叫馬修文，美國人。我也學漢語。
李嘉玲：我是廣州人。我的名字叫李嘉玲。我學葡萄牙語。
劉大江：我是劉大江，南京人。我學英語。

国际汉语教程（初级篇）

生词 — Vocabulário / New words

请问	請問	qǐngwèn	动	V	com licença	excuse me, may I ask
叫		jiào	动	V	chamar, chamar-se	to be called, to call
什么	什麼	shénme	代	Pron	que, o que	what
名字		míngzi	名	N	nome	name
的		de	结助	StPt	partícula que introduz a ideia de posse e origem	structure particle for possession, or attribution
中文		Zhōngwén	名	N	chinês	Chinese, the Chinese language
真		zhēn	副/形	Adv/Adj	realmente; o verdadeiro	really; true, real
不错	不錯	bùcuò	形	Adj	bom	good, not bad
是		shì	动	V	ser, estar	to be
哪		nǎ	代	Pron	que	which
国	國	guó	名	N	país	country
人		rén	名	N	povo, pessoa	people, person
从	從	cóng	介	Prep	de	from
来	來	lái	动	V	vir	to come
贵姓	貴姓	guìxìng	名	N	apelido digno (marcador de cortesia)	respectable surname
姓		xìng	名/动	N/V	apelido, apelidarse	surname, to have a surname of
哪里	哪裏	nǎli	代	Pron	onde	where
南方		nánfāng	名	N	sul	south
吧		ba	语助	MdPt	partícula que indica um certo grau de certeza	particle that indicates a certain degree of certainty
是的		shì de			sim	yes, sure
学	學	xué	动	V	aprender	to study, to learn
汉语	漢語	Hànyǔ	名	N	chinês, língua chinesa	the Chinese language, Chinese

· 26 ·

| 葡萄牙语 | 葡萄牙語 | Pútáoyáyǔ | 名 | N | português, língua portuguesa | the Portuguese language, Portuguese |
| 英语 | 英語 | Yīngyǔ | 名 | N | inglês, língua inglesa | the English language, English |

专有名词 — Nomes próprios / Proper nouns

葡萄牙		Portugal	Portugal
俄罗斯	俄羅斯	Rússia	Russia
莫斯科		Moscovo	Moscow
刘大江	劉大江	Liu Dajiang	Liu Dajiang
北京		Beijing	Beijing
南京		Nanjing	Nanjing
巴西		Brasil	Brazil
美国	美國	(os) Estados Unidos da América	the United States of America, USA
广州	廣州	Cantão	Guangzhou
李嘉玲		Li Jialing	Li Jialing

词句解释 — Notas explicativas sobre frases / Explanatory notes on phrases and sentences

❶ 请问

"请问"是汉语中的敬辞，请求对方回答问题时使用。例如：

请问，你叫什么名字？

请问，您是哪国人？

Posso perguntar…?

请问 (qǐngwèn) é expressão de cortesia que significa literalmente "posso perguntar". É utilizada quando se pede uma resposta. Por exemplo:

请问，你叫什么名字？
请问，您是哪国人？

Mya I ask…?

请问 (qǐngwèn), which literally means "please ask", is used before a question that respectfully invites an answer. For example:

请问，你叫什么名字？
请问，您是哪国人？

❷ 您贵姓？

"贵姓"是汉语中的敬辞。这里的"贵"是"尊贵"的意思。一般问别人姓氏的时候使用。例如：

老师，您贵姓？
请问，您贵姓？

Qual é seu apelido, se faz favor?

贵姓(guìxìng) é expressão de cortesia que significa literalmente "apelido digno". É utilizada quando se pergunta o apelido. Por exemplo:

老师，您贵姓？
请问，您贵姓？

Your honorable surname?

贵姓(guìxìng), which literally means "honorable surname", is used to respectfully ask someone's surname. For example:

老师，您贵姓？
请问，您贵姓？

语法　Gramática / Grammar

❶ 汉语的语序

现代汉语是"S（主语）V（动词）O（宾语）"型语言，以动词做谓语的句子的基本语序是：主语 + 动词 + 宾语。例如：

你学什么？
我学汉语。

Ordem das palavras em chinês

Em chinês moderno, a ordem básica das palavras segue a estrutura de SVO, ou seja, Sujeito (S)+Verbo(V)+Objecto(O). Por exemplo:

你学什么？　Tu estudas o quê?
我学汉语。　Eu estudo chinês.

The word order of Chinese

Chinese is an SVO language, which means its basic word order is: Subject(S)+ Verb(V)+ Object(O). For example:

你学什么？　You study what?
我学汉语。　I study Chinese.

❷ "是" 字句

"是"字句属动词谓语句。"是"的基本意思是表示肯定的判断。"是"在主语和宾语之间主要起联系作用，可以表示"等同"的意思，这种情况下，主语和宾语可以互换位置。例如：

我是刘大江。（刘大江是我。）
他是罗飞龙。（罗飞龙是他。）
她是杨老师。（杨老师是她。）

"是"字句还可以表示"归类"的意思，这类"是"字句主语和宾语不能互换位置。例如：

我是葡萄牙人。
他是广州人。
你是南方人吧？

A frase com 是

A frase com 是 (shì: ser) é uma frase de predicado verbal. O verbo 是 é empregado para transmitir um juízo afirmativo, e serve principalmente para ligar o sujeito e o objecto significando "ser". Neste caso, a ordem entre o sujeito e o objecto poderá ser alterada. Por exemplo:

我是刘大江。（刘大江是我。）
他是罗飞龙。（罗飞龙是他。）

她是杨老师。（杨老师是她。）

A frase com 是 também poderá indicar uma "classificação", e neste caso, a ordem SV (o sujeito seguido do predicado) não poderá ser alterada. Por exemplo:

我是葡萄牙人。

他是广州人。

你是南方人吧?

Sentence with 是

A sentence with 是 (shì: be) is a sentence with a verbal predicate. 是 largely means "be", with 是 relating the subject to the object. Such a sentence indicates an affirmative judgment. Sometimes, the syntactic position of the subject and that of the object can be exchanged in such a sentence when the two entities are "equal". For example:

我是刘大江。（刘大江是我。）

他是罗飞龙。（罗飞龙是他。）

她是杨老师。（杨老师是她。）

A 是 sentence may also refer to classification. In such sentences, the positions of the subject and object cannot be exchanged. For example:

我是葡萄牙人。

他是广州人。

你是南方人吧?

❸ 结构助词"的"（一）

结构助词"的"用于标记领属关系，常用在"代词/名词+的+名词"结构中。例如：

我的名字

他的同学

Partícula 的 (1)

A partícula 的 indica uma relação possessiva e é normalmente utilizada na estrutura Pronome/Nome+的+Nome. Por exemplo:

我的名字

他的同学

The structure particle 的 (1)

In the structure of Pron/N+的+N, 的 indicates a possessive relationship, where Pron/N is the possessor and N, the possessee. For example:

我的名字

他的同学

❹ 用于省略疑问句的疑问语气词"呢"

疑问语气词"呢"可用在名词性成分后面，构成省略疑问句，用于进一步询问，省略部分的内容上文应有交代。例如：

我叫安梅兰，你呢？

我是葡萄牙人，你呢？

Partícula interrogativa 呢 em interrogativas elípticas

A partícula interrogativa 呢 (ne) pode ser utilizada logo a seguir a um elemento nominal, formando uma interrogativa elíptica para uma pergunta complementar. A parte elíptica deve ser implícita no seu contexto. Por exemplo:

我叫安梅兰，你呢？

我是葡萄牙人，你呢？

The interrogative particle 呢 in an elliptical interrogative sentence

The interrogative particle 呢 (ne) can be used immediately after a nominal unit to form an elliptical interrogative sentence for further inquiry, with the omitted contents implied in the context. For example:

我叫安梅兰，你呢？

我是葡萄牙人，你呢？

语音知识 — Fonética / Phonetic knowledge

❶ 轻声

"轻声"是汉语普通话语音的一个重要特点。汉语普通话中的有些字常常在词或句子中失去原有的声调而念得又轻又短，这就是轻声。轻声没有固定的音高，它的音高受前面音节声调的影响而发生变化。轻声音节不标调号。例如：

wǒmen（我们）

tāmen（他们）

míngzi（名字）

xièxie（谢谢）

Nǐ ne?（你呢？）

Nǐ hǎo ma?（你好吗？）

Nǐ shì nánfāngrén ba?（你是南方人吧？）

Tom neutro

O tom neutro é uma característica muito importante do *putonghua*. Alguns caracteres perdem o seu tom, pronunciando-se baixo e de modo breve em certas palavras ou frases, fenómeno designado por tom neutro. No tom neutro a tonalidade não é fixa mas é influenciada pela tonalidade da sílaba antecedente. Note-se que o tom neutro não leva marcadores. Por exemplo:

wǒmen（我们）

tāmen（他们）

míngzi（名字）

xièxie（谢谢）

Nǐ ne?（你呢？）

Nǐ hǎo ma?（你好吗？）

Nǐ shì nánfāngrén ba?（你是南方人吧？）

The neutral tone

The neutral tone is an important feature of the pronunciation of *putonghua*. In *putonghua*, some characters often lose their original tones and are pronounced lightly and short when used in certain words or phrases. Such a tone is called a neutral tone, which has no fixed pitch. Its pitch changes with that of the preceding syllable. A neutral tone is not marked. For example:

wǒmen（我们）

tāmen（他们）

míngzi（名字）

xièxie（谢谢）

Nǐ ne?（你呢？）

Nǐ hǎo ma?（你好吗？）

Nǐ shì nánfāngrén ba?（你是南方人吧？）

❷ **声母：d、t、n、l 的发音要领**

d：舌尖顶住上齿龈，猛然打开，使气流爆发而出。声带不振动。不送气。

t：舌尖顶住上齿龈，猛然打开，使气流爆发而出。声带不振动。送气。

n：舌尖顶住上齿龈，软腭、小舌下垂，打开鼻腔通路。声带振动。

l：舌尖顶住上齿龈，比 n 稍后，气流从舌前部两旁出来。声带振动。

Como pronunciar d, t, n e l

d: Pronuncia-se pressionando a ponta da língua contra a aresta dos dentes superiores e com o abaixamento súbito da ponta da língua para a saída explosiva do ar. Não aspirado e sem vibração das cordas vocais.

t: Pronuncia-se pressionando a ponta da língua contra a aresta dos dentes superiores e com o abaixamento súbito da ponta da língua para a saída explosiva do ar. Aspirado e sem vibração das cordas vocais.

n: Pronuncia-se com a colocação da ponta da língua contra a aresta dos dentes superiores, abaixamento do véu palatino e da úvula e, com a abertura das fossas nasais. Com a vibração das cordas vocais.

l: Pronuncia-se pressionando a ponta da língua contra a aresta dos dentes superiores mas ligeiramente um pouco atrás da posição de pronunciar n e com a expiração do ar por ambos os lados da língua. Com vibração das cordas vocais.

How to pronounce d, t, n, and l

d: Raise the tip of the tongue to touch the tooth-ridge and then remove it suddenly to make the breath pop out without vibrating the vocal cords and without aspiration.

t: Raise the tip of the tongue to touch the tooth-ridge and then remove it suddenly to make the breath pop out while aspirating without vibrating the vocal cords.

n: Raise the tip of the tongue to touch the tooth-ridge and then lower the soft palate and uvula to open the passage of the nasal cavity while vibrating the vocal cords.

l: Raise the tip of the tongue, slightly further back than when pronouncing n, to touch the tooth-ridge, and then make the breath come out from the two sides of the front part of the tongue while vibrating the vocal cords.

❸ 韵母： ai、ei、ao、ou、an、en、ang、eng、ong **的发音要领**

ai：由 a[a] 开始，舌尖抵住下齿背，舌面前部逐渐上升，向 i[i] 的方向滑动。

ei：由 e[e] 开始，舌位渐升，向 i[i] 的方向滑动。

ao：由 a[a] 开始，舌后缩，舌位渐升。唇渐收，拢圆，向 o[u] 滑动。

ou：由 o[o] 开始，舌位后移、上升，唇渐收，拢圆，向接近 u[u] 的方向滑动。

an、en、ang、eng、ong 是鼻韵母。发音时，由前面的元音自然地过渡到后面的鼻辅音，中间不要间断，声带振动。

an、en 是前鼻韵母。发音时，先发元音 a[a] 或 e[ə]，然后舌尖抵住上齿龈，发鼻音 n[n]。

ang、eng、ong 是后鼻韵母。发音时，先发元音 a[a]、e[ə] 或 o[u]，然后舌面后部往软腭移动，抵住软腭，发鼻音 ng[ŋ]。

前、后鼻韵母的分别，在于韵尾 -n 和 -ng 的发音部位不同。

发前鼻音韵尾 -n 时，用舌尖抵住上齿龈把气流挡住，使气流从鼻腔通过，同时声带振动。

发后鼻音韵尾 -ng 时，舌根向上隆起抵住软腭挡住气流，使气流从鼻腔通过，同时声带振动。

Como pronunciar ai, ei, ao, ou, an, en, ang, eng e ong

ai: Começa-se por pronunciar a[a], pressionando a ponta da língua contra a parte posterior dos dentes inferiores. E, em seguida, pronuncia-se com o levantamento gradual da língua para a pronunciação de i[i].

ei: Começa-se por pronunciar e[e], em seguida, pronuncia-se com o levantamento gradual da língua para a posição de pronúncia do i[i].

ao: Começa-se por pronunciar a[a], e em seguida pronuncia-se com o levantamento gradual da língua em direcção posterior da boca, e com o arredondamento gradual dos lábios para a pronunciação de o[u].

ou: Começa-se por pronunciar o[o], e em seguida pronuncia-se com o levantamento gradual da língua em direcção posterior da boca, e com o arredondamento gradual dos lábios para a pronunciação de u[u].

an, en, ang, eng e ong são finais nasais. Pronunciam-se com movimento gradual e natural das vogais iniciais às consoantes nasais sem qualquer quebra, mas com a vibração das cordas vocais.

an e en são finais nasais anteriores. Pronunciam-se pressionando a ponta da língua contra a parte posterior dos dentes de cima.

ang, eng e ong são finais nasais posteriores. Na pronuncia primeiramente é fazer soar os vogais a[a], e[ə] or o[u] , só depois, levantar a parte posterior da língua contra a parte posterior do véu palatino, e pronuncia ng[ŋ].

As diferenças entre as formas de pronunciação de finais nasais anteriores e posteriores consistem na posição de articulação da parte final -n e -ng.

Pronuncia-se a parte final -n das finais nasais anteriores pressionando a ponta da língua contra a aresta dos dentes superiores, proibindo a expiração do ar, e fazendo com que assim o ar saia através das fossas nasais. Com a vibração das cordas vocais.

Pronuncia-se a parte final -ng das finais nasais posteriores pressionando a raiz da língua contra a aresta dos dentes superiores proibindo a expiração do ar, e fazendo com que assim o ar saia através das fossas nasais. Com a vibração das cordas vocais.

How to pronounce ai, ei, ao, ou, an, en, ang, eng, and ong

ai: Start by pronouncing a[a], touch the back of the lower teeth with the tip of the tongue and raise the front part of the tongue gradually towards pronouncing i[i].

ei: Start by pronouncing e[e], and raise the tongue gradually towards i[i].

ao: Start by pronouncing a[a], and move the tongue backward while raising it gradually with lips gradually rounded towards pronouncing o[u].

ou: Start by pronouncing o[o], and move the tongue backward while raising it gradually with lips slowly rounded towards pronouncing u[u].

an, en, ang, eng, and ong are nasal finals in Chinese. When pronouncing them, pronounce the vowels first and then naturally move to the following nasal consonants without a break while vibrating the vocal cords.

an and en are front nasal finals. Start pronouncing a[a] or e[ə] and then gradually move the tip of the tongue to touch the back of the upper teeth to pronounce n[n].

ang, eng, and ong are back nasal finals. When pronouncing them, first pronunce a[a], e[ə] or o[u] and then raise the back of the tongue to touch the back of the soft palate to pronounce ng[ŋ].

The difference between a front nasal final -n and a back one -ng lies in different places of articulation of the ending sounds of [n] and [ŋ].

When pronouncing -n, the ending of a front nasal final, move the tip of the tongue to press against the tooth-ridge and block the breath and then let air pass through the nasal cavity, while vibrating the vocal cords.

When pronouncing -ng, the ending of a back nasal final, raise the root of the tongue to press against the soft palate and block the breath and then let air pass through the nasal cavity, while vibrating the vocal cords.

国际汉语教程（初级篇）

④ 声韵拼合
Combinação inicial-final
Initial-final combinations

声母 Iniciais Initials	韵母 Finais Finais			
	ai	ei	ao	ou
d	dai	dei	dao	dou
t	tai		tao	tou
n	nai	nei	nao	nou
l	lai	lei	lao	lou

声母 Iniciais Initials	韵母 Finais Finais			
	an	en	ang	eng	ong
d	dan	den	dang	deng	dong
t	tan		tang	teng	tong
n	nan	nen	nang	neng	nong
l	lan		lang	leng	long

汉字知识
Conhecimentos sobre caracteres chineses
Knowledge about Chinese characters

汉字的笔顺规则

　　汉字的笔顺是指书写汉字时，笔画出现的先后顺序。汉字笔顺的基本规则是：

Regras da ordem dos traços

A ordem dos traços é a ordem de acordo com a qual se escrevem os traços. As regras básicas da ordem dos traços são as seguintes:

The sequential rules of stroke writing

The stroke sequence refers to the order of stroke writing of Chinese characters. The basic sequences are as follows:

先横后竖 例字：十

Horizontal antes de vertical. Por exemplo: 十

Horizontal before vertical. For example: 十

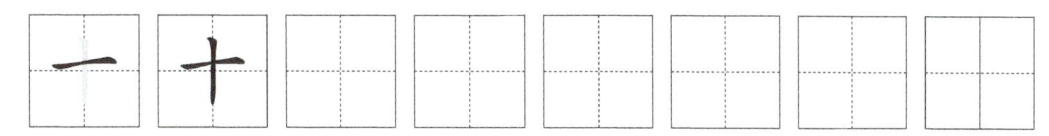

先撇后捺 例字：人

Traço inclinado à esquerda antes de inclinado à direita. Por exemplo: 人

Downward-left before downward-right. For example: 人

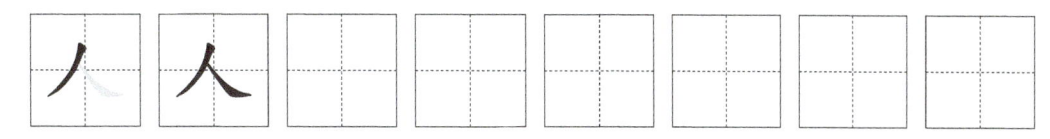

从上到下 例字：三

De cima para baixo. Por exemplo: 三

From top to bottom. For example: 三

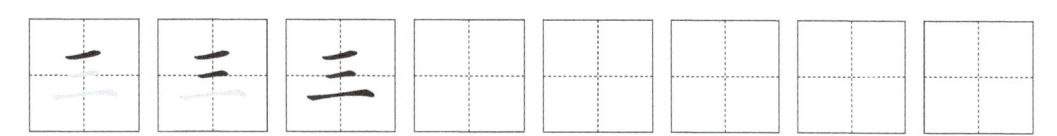

从左到右 例字：你

Da esquerda para a direita. Por exemplo: 你

From left to right. For example: 你

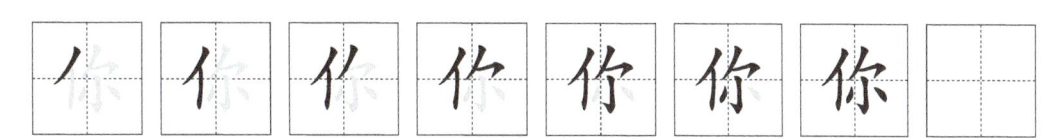

从外到里 例字：同

Do exterior para o interior. Por exemplo: 同

From outside to inside. For example: 同

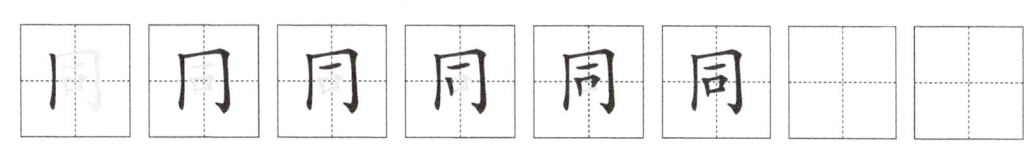

先外后里再封口 例字：国

Do exterior para o interior, e seguido de fechamento. Por exemplo: 国

Outside before inside and inside before enclosing. For example: 国

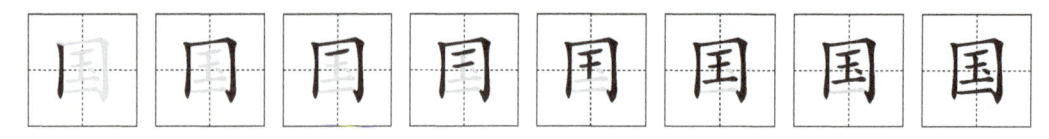

| 国 | 国 | 国 | 同 | 周 | 国 | 国 | 国 |

先中间后两边 例字：小

Primeiro, o traço interior do carácter; depois, o traço da esquerda; finalmente, o traço da direita. Por exemplo: 小

Middle before two sides. For example: 小

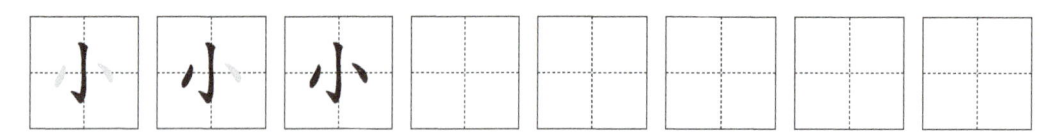

| 小 | 小 | 小 | | | | | |

中华文化知识

Conhecimentos culturais chineses

Chinese cultural knowledge

普通话

普通话为现代汉语的共同语（标准语），是中华人民共和国的国家通用语言。普通话在语音方面是以北京语音为标准音，在词汇方面是以北方方言为基础方言，在语法方面是以典范的现代白话文著作为语法规范。

现代汉语的共同语在不同地区有不同的名称。在中国大陆、香港、澳门地区称为普通话，在台湾地区称为"国语"，在海外华人社区则称为"华语"。

Putonghua

Como norma padrão da língua chinesa moderna, o *putonghua* é a língua comum da República Popular da China. Com raízes fonéticas e fonológicas no dialecto pequinês, o *putonghua* baseia-se lexicalmente em dialectos do norte do país, e, gramaticalmente, em obras escritas em típico chinês vernáculo moderno.

A língua comum do chinês moderno tem diferentes designações em diferentes regiões. É designada como *putonghua* no Interior da China, Hong Kong e Macau, como *guoyu* em Taiwan, e como *Huayu* nas comunidades chinesas no estrangeiro.

Putonghua

Putonghua is the common standard form of Modern Chinese and the common national speech of the People's Republic of China. Phonologically and phonetically, *putonghua* takes the Beijing dialect as its standards while lexically it is based on the Chinese northern dialects. The grammar of *putonghua* is derived from literary works written in the typical contemporary vernacular Chinese.

The common speech of Modern Chinese is named differently in different regions. In the Chinese mainland, Hong Kong and Macao, it is known as *putonghua*, while in Taiwan, it is known as *guoyu*, and in overseas Chinese communities, as *Huayu*.

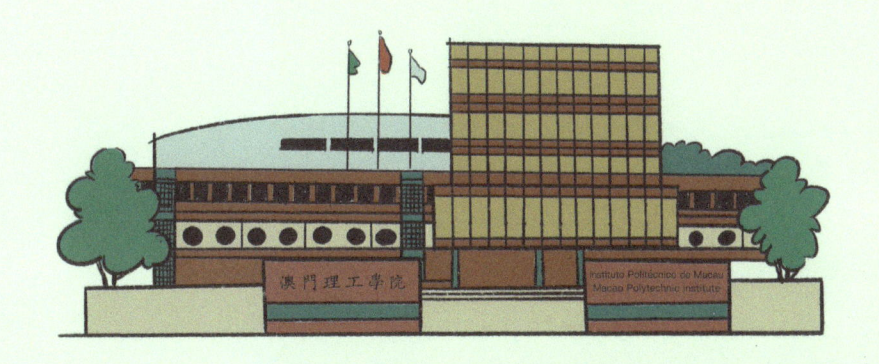

第三课　你家有几口人？

Lição 3　Quantos são na sua família?

Lesson 3　How many people are there in your family?

国际汉语教程（初级篇）

> **课文** Texto / Text
>
> 你家有几口人？ Quantos são na sua família? / How many people are there in your family?

罗飞龙：爱丽，你家有几口人？
Luó Fēilóng: Àilì, nǐ jiā yǒu jǐ kǒu rén?

何爱丽：我家有五口人，爸爸、妈妈、哥哥、姐姐和我。
Hé Àilì: Wǒ jiā yǒu wǔ kǒu rén. Bàba, māma, gēge, jiějie hé wǒ.

罗飞龙：你爸爸、妈妈好吗？
Luó Fēilóng: Nǐ bàba, māma hǎo ma?

何爱丽：他们很好。
Hé Àilì: Tāmen hěn hǎo.

罗飞龙：你哥哥和姐姐也好吗？
Luó Fēilóng: Nǐ gēge hé jiějie yě hǎo ma?

何爱丽：他们也都很好。你的家人好吗？
Hé Àilì: Tāmen yě dōu hěn hǎo. Nǐ de jiārén hǎo ma?

罗飞龙：我的爸爸、妈妈都很好。我有一个弟弟、一个妹妹，他们也都很好。我没有哥哥和姐姐。
Luó Fēilóng: Wǒ de bàba, māma dōu hěn hǎo. Wǒ yǒu yī gè dìdi, yī gè mèimei, tāmen yě dōu hěn hǎo. Wǒ méiyǒu gēge hé jiějie.

刘大江：杨老师，早上好！
Liú Dàjiāng: Yáng lǎoshī, zǎoshang hǎo!

杨老师：你好！
Yáng lǎoshī: Nǐ hǎo!

刘大江：您最近忙吗？
Liú Dàjiāng: Nín zuìjìn máng ma?

杨老师：很忙。每天都上课。
Yáng lǎoshī: Hěn máng. Měi tiān dōu shàngkè.

刘大江：请问陈教授好吗？
Liú Dàjiāng: Qǐngwèn Chén jiàoshòu hǎo ma?

杨老师：陈教授很好。
Yáng lǎoshī: Chén jiàoshòu hěn hǎo.

你家有幾口人？

羅飛龍：愛麗，你家有幾口人？
何愛麗：我家有五口人，爸爸、媽媽、哥哥、姐姐和我。
羅飛龍：你爸爸、媽媽好嗎？
何愛麗：他們很好。
羅飛龍：你哥哥和姐姐也好嗎？
何愛麗：他們也都很好。你的家人好嗎？
羅飛龍：我的爸爸、媽媽都很好。我有一個弟弟、一個妹妹，他們也都很好。我沒有哥哥和姐姐。

劉大江：楊老師，早上好！
楊老師：你好！
劉大江：您最近忙嗎？
楊老師：很忙。每天都上課。
劉大江：請問陳教授好嗎？
楊老師：陳教授很好。

生词 Vocabulário / New words

家		jiā	名	N	família	family
有		yǒu	动	V	haver	there be, to have
几	幾	jǐ	代	Pron	quantos	how many
口		kǒu	量	M	*classificador para pessoas*	*measure word for family members*
五		wǔ	数	Nu	cinco	five
爸爸		bàba	名	N	pai	father
妈妈	媽媽	māma	名	N	mãe	mother
哥哥		gēge	名	N	irmão mais velho	elder brother
姐姐		jiějie	名	N	irmã mais velha	elder sister
和		hé	连	Conj	e	and

国际汉语教程（初级篇）

他们	他們	tāmen	代	Pron	eles	they, them
都		dōu	副	Adv	todo	all
家人		jiārén	名	N	membros da família	family members
个	個	gè	量	M	classificador geral para pessoas e coisas sem classificador especial	a general measure word for people and things without a specific classifier
弟弟		dìdi	名	N	irmão mais novo	younger brother
妹妹		mèimei	名	N	irmã mais nova	younger sister
没有		méiyǒu	动	V	não	not, not exist, not have
早上		zǎoshang	名	N	manhã	morning
忙		máng	形	Adj	ocupado	busy
每		měi	代	Pron	cada	each, every
天		tiān	量	M	dia	day
上课	上課	shàngkè	动	V	assitir a aula; dar aulas	to have a class; to give a class

词句解释
Notas explicativas sobre frases
Explanatory notes on phrases and sentences

❶ 你家有几口人？

"几"用来询问数量和数目，使用时的基本结构为"几 + 量词 + 名词"。例如：

陈教授家有几口人？

你有几个同学？

Quantos são na sua família?

几 (jǐ: quanto) usa-se para perguntar a quantidade. Na sua utilização, segue-se a estrutura 几 + Classificador + Nome. Por exemplo:

陈教授家有几口人？

你有几个同学？

How many people are there in your family?

几 (jǐ: how many) is used to ask about quantities or number, appearing in the basic structure of 几 + Measure word + Noun. For example:

陈教授家有几口人?
你有几个同学?

❷ 我有一个弟弟、一个妹妹。
汉语的"有"字句以动词"有"为谓语的主要成分,通常表示"领有"的意思。例如:
我有一个哥哥、一个姐姐。
他们有几个老师?
我们家有五口人。
"有"字句的否定形式是把动词"有"改为"没有",而不是在"有"的前面加副词"不"。例如:
我没有哥哥、姐姐。
他们没有老师。
我们家没有五口人。

Eu tenho um irmão mais novo e uma irmã mais nova.
As frases com 有 (yǒu: ter) como seu elemento principal do predicado referem-se frequentemente ao sentido possessivo. Por exemplo:
我有一个哥哥、一个姐姐。
他们有几个老师?
我们家有五口人。
A forma negativa da frase 有 é feita através da mudança do verbo 有 para 没有 (méiyǒu: negando a posse ou existência), em vez de adicionar o advérbio 不 (bù: negar outra coisa que não a posse ou existência) para 有. Por exemplo:
我没有哥哥、姐姐。
他们没有老师。
我们家没有五口人。

I have a younger brother and a younger sister.
A sentence with 有 (yǒu: have) as its main element of the predicate is often used to indicate possession. For example:
我有一个哥哥、一个姐姐。
他们有几个老师?
我们家有五口人。
The negative form of the 有 sentence is made through changing the verb 有 into 没有 (méiyǒu:

你家有几口人? Quantos são na sua família? How many people are there in your family?

国际汉语教程（初级篇）

negating possession or existence), rather than adding the adverb 不 (bù: negating other than possession or existence) to 有. For example:

我没有哥哥、姐姐。

他们没有老师。

我们家没有五口人。

❸ 我没有哥哥和姐姐。

汉语的连词"和"常连接两个名词或名词性词组。连接的内容有三项或更多时，"和"放在最后两项之间。例如：

安梅兰和何爱丽学汉语。

马修文学汉语和葡萄牙语。

我家有五口人，爸爸、妈妈、哥哥、姐姐和我。

注意：汉语的连词"和"，不能连接作为谓语的动词、动词词组和形容词，也不能连接并列的两个分句。

Eu não tenho um irmão mais velho ou uma irmã mais velha.

A conjunção 和 (hé: e) empregar-se-á para ligar dois nomes ou dois grupos nominais. Quando há três elementos ou mais a ligar, só se utiliza a conjunção 和 entre os últimos dois elementos. Por exemplo:

安梅兰和何爱丽学汉语。

马修文学汉语和葡萄牙语。

我家有五口人，爸爸、妈妈、哥哥、姐姐和我。

N. B.: A conjunção 和 não se emprega para ligar verbos predicativos, nem grupos verbais, adjectivos ou orações coordenadas.

I don't have an elder brother or an elder sister.

The conjunction 和 (hé: and) in Chinese is used to connect two nouns or nominal phrases. When there are three or more entities to be connected, 和 is used between the last two. For example:

安梅兰和何爱丽学汉语。

马修文学汉语和葡萄牙语。

我家有五口人，爸爸、妈妈、哥哥、姐姐和我。

Note: The conjunction 和 in Chinese cannot be used to connect verbs, verbal phrases, adjectives acting as predicates, or two parallel clauses.

语法 | Gramática / Grammar

❶ 基数词

基数词是数词的一类，表示数目的大小，如：一、二、三十、一百五十八等。

Numerais cardinais

Os cardinais constituem uma classificação dos números e servem para indicar as quantidades. Por exemplo: 一 (yī: um, uma), 二 (èr: dois, duas), 三十 (sānshí: trinta), 一百五十八 (yībǎi wǔshíbā: cento e cinquenta e oito).

Cardinal numbers

Cardinals are part of numbers. They indicate quantities, such as 一 (yī: one), 二 (èr: two), 三十 (sānshí: thirty), 一百五十八 (yībǎi wǔshíbā: one hundred fifty eight).

10 以内的数字表达：

Números de 0 a 10:

Chinese numerals from 0 to 10:

0~10	0	1	2	3	4	5	6	7	8	9	10
	零 / 〇	一	二	三	四	五	六	七	八	九	十

❷ 量词

汉语的名词一般不能直接与数词结合，在名词和数词之间必须使用量词。量词表示人、事物和动作行为的计量单位，其中，表示人和事物的计量单位的，叫名量词；表示动作行为的计量单位的，叫动量词。

汉语中名词对个体量词的选用通常是特定的，不能任意选用量词，不少量词与相应的名词在性状上有联系。例如：

根：一根头发、两根香蕉

把：一把刀、三把椅子

张：一张纸、两张桌子

"我家有五口人"中的"口"也是量词。量词"口"一般用于人，也可用于某些家畜，例如："一口猪"；还可用于某些圆形开口的物体，例如："一口缸"、"两口井"。

国际汉语教程（初级篇）

Classificadores

De forma geral, em chinês, os nomes não se poderão ligar directamente aos numerais. É sempre obrigatória a presença dos classificadores na ligação entre nomes e numerais. Os classificadores são unidades numéricas para pessoas, objectos e actos. Quando incidem na quantidade de pessoas ou objectos, os classificadores são designados como classificadores nominais. Quando incidem na contagem de actos, são designados como classificadores verbais.

Em chinês, diferentes nomes individuais pedem os seus próprios classificadores. Alguns classificadores são caracteristicamente ligados aos seus nomes correspondentes. Por exemplo:

　　根：一根头发、两根香蕉

　　把：一把刀、三把椅子

　　张：一张纸、两张桌子

Na frase 我家有五口人，口 (kǒu) é classificador e é normalmente empregue para pessoas, e também, às vezes, para animais domésticos, por exemplo, 一口猪 (yī kǒu zhū: um porco). Poderá ser utilizado para certos objectos com cobertura redonda, como, 一口缸 (yī kǒu gāng: um tanque de água), 两口井 (liǎng kǒu jǐng: dois poços).

Measure words

Generally speaking, a noun in Chinese cannot be directly combined with a numeral; instead, a measure word should be used between them. Measure words are counting units for people, things, or actions. The counting units for people and things are nominal measure words while the counting units for the frequency of actions are known as verbal measure words.

In Chinese, a particular noun usually should be used with a particular measure word, which means that the association between a noun and its measure word is not arbitrary. Rather, many measure words often describe the physical characteristics of the nouns they modify. For example:

　　根：一根头发、两根香蕉

　　把：一把刀、三把椅子

　　张：一张纸、两张桌子

In the sentence 我家有五口人, 口 (kǒu), originally meaning "opening" or "mouth", is a measure word, which is usually used for people, but sometimes also for animals, such as 一口猪 (yī kǒu zhū: a pig). Additionally, it can be used for round objects with an opening that looks like a mouth, such as 一口缸 (yī kǒu gāng: a vat) and 两口井 (liǎng kǒu jǐng: two wells).

❸ 形容词谓语句

汉语中以形容词为谓语主要成分的句子是形容词谓语句。形容词谓语句主要是对人或事物的性质或状态进行描写，其谓语部分不用动词"是"。形容词做谓语时，一般不可单用，形容词谓语句中的"很"不表示程度高。例如：

我很好。

您最近忙吗？

Frase com adjectivo como predicado

É assim designada porque a frase tem adjectivos como o seu predicado. O predicado adjectival serve principalmente para descrever as características ou os estados das pessoas ou dos objectos. No predicado adjectival, o verbo 是 (shì: ser) não aparece no predicado. Os adjetivos não podem ser usados sozinhos como predicado e o 很 (hěn: muito) não indica um grau adjectivial. Por exemplo:

我很好。

您最近忙吗？

Sentences with an adjective as the predicate

In Chinese, a sentence with an adjective as the predicate is usually used to describe the nature or state of things or people. The verb 是 (shì: be) is not used in the predicate. An adjective cannot serve as the predicate alone, and 很 (hěn: very) in such a sentence doesn't indicate a high degree. For example:

我很好。

您最近忙吗？

❹ 副词"都"

副词"都"放在动词或形容词前，在句子中做状语。表示总括，没有例外。例如：

罗飞龙和我都是葡萄牙人。

他们都有哥哥、姐姐。

我们都很好。

他们都很忙。

Advérbio 都

O advérbio 都 (dōu: todo) coloca-se à esquerda de verbos e adjectivos. Serve como adverbial na frase indicando a inclusão e sem a excepção. Por exemplo:

罗飞龙和我都是葡萄牙人。

国际汉语教程（初级篇）

他们都有哥哥、姐姐。

我们都很好。

他们都很忙。

Adverb 都

The adverb 都 (dōu: all) is used before a verb or an adjective to act as an adverbial in a sentence, indicating sweeping inclusion without exception. For example:

罗飞龙和我都是葡萄牙人。

他们都有哥哥、姐姐。

我们都很好。

他们都很忙。

语音知识 Fonética / Phonetic knowledge

❶ 三声变调

（1）半三声

第三声在第一声、第二声、第四声和大部分轻声字前读成半三声，也就是只读原来第三声的前一半降调，不读后一半升调，马上接着读下面的音节。但是，原三声声调符号保持不变。例如：

老师 lǎoshī

很忙 hěn máng

午饭 wǔfàn

好吗 hǎo ma

（2）两个三声相连的变调

两个第三声连在一起时，前一个读成第二声。声调符号保持不变。例如：

语法 yǔfǎ

你好！Nǐ hǎo!

你家有几口人？Nǐ jiā yǒu jǐ kǒu rén?

Mudança do terceiro tom

(1) Meio terceiro tom/Semi-terceiro tom

Quando o terceiro tom estiver anteposto ao primeiro, ao segundo, ao quarto tom e à maioria dos casos de tom neutro, o terceiro tom pronuncia-se como o semi-terceiro tom, isto é, não se pronuncia a segunda metade do terceiro tom (subida de tom), pronuncia-se apenas a primeira metade (descida de tom). No entanto, o marcador do terceiro tom mantém-se na mesma. Por exemplo:

老师 lǎoshī

很忙 hěn máng

午饭 wǔfàn

好吗 hǎo ma

(2) Sandhi/Mudança de dois terceiros tons seguidos

Quando se juntam dois terceiros tons, o primeiro deles pronuncia-se como um segundo tom enquanto que o marcador do terceiro tom se mantém na mesma. Por exemplo:

语法 yǔfǎ

你好！Nǐ hǎo!

你家有几口人？Nǐ jiā yǒu jǐ kǒu rén?

Sandhi of the third tone

(1) Semi-third tone

When preceding the first, second or fourth tone or most of the neutral tones, the third tone is pronounced as a half third tone. Namely, the tone falls without rising, with the tone mark unchanged. For example:

老师 lǎoshī

很忙 hěn máng

午饭 wǔfàn

好吗 hǎo ma

(2) Sandhi of two neighboring third tones

When a third tone character is followed by another third tone character, the first third tone is pronounced as a second tone, but the tone mark remains unaltered. For example:

语法 yǔfǎ

你好！Nǐ hǎo!

你家有几口人？Nǐ jiā yǒu jǐ kǒu rén?

❷ 声母 g、k、h 的发音要领

g：舌面后部顶住软腭，猛然打开，气流爆发而出。声带不振动。不送气。

k：舌面后部顶住软腭，猛然打开，气流爆发而出。声带不振动。送气。

h：舌面后部接近软腭，气流从中间摩擦而出。声带不振动。

Como pronunciar g, k e h

g: Pronuncia-se com o levantamento da parte posterior da língua em direcção ao véu palatino, baixando-a, em seguida, para a expiração explosiva do ar. Não aspirado e sem a vibração das cordas vocais.

k: Pronuncia-se com o levantamento da parte posterior da língua em direcção ao véu palatino, baixando-a, em seguida, para a expiração explosiva do ar. Aspirado e sem a vibração das cordas vocais.

h: Pronuncia-se com o levantamento da parte posterior da língua em direcção ao véu palatino (sem o tocar) e a expiração do ar pelo canal assim formado. Sem a vibração das cordas vocais.

How to pronounce g, k, and h

g: Raise the back of the tongue to press against the soft palate and then remove it suddenly to make the breath pop out without the vibration of the vocal cords nor aspiration.

k: Raise the back of the tongue to press against the soft palate and then remove it suddenly to make the breath pop out while aspirating without the vibration of the vocal cords.

h: Put the back of the tongue close to the soft palate and release the breath with friction without vibrating the vocal cords.

❸ **韵母 ua、uo、uai、uei、uan、uen、uang、ueng 的发音要领**

    ua、uo：发音时，从元音 u[u] 滑向另一个元音，后面一个元音比较响亮清楚。

    uai、uei：发音时，从元音 u[u] 滑向另一个复元音，中间一个元音比较响亮。

    uan、uen：前鼻韵母，发音时，分别由 ua[ua]、ue[uə] 过渡到 n[n]。

    uang、ueng：后鼻韵母，发音时，分别由 ua[ua]、ue[uə] 过渡到 ng[ŋ]。

Como pronunciar ua, uo, uai, uei, uan, uen, uang e ueng

ua, uo: Pronuncia-se com o deslizamento da vogal u[u] para a outra vogal. A última vogal é pronunciada mais alto e mais claramente.

uai, uei: Pronuncia-se com um deslizamento da vogal u[u] para a outra vogal composta. A vogal no meio é pronunciada mais alto.

uan e uen são finais nasais anteriores. Pronunciam-se respectivamente com o deslizamento de ua[ua] e ue[uə] a n[n].

uang e ueng são finais nasais posteriores. Pronunciam-se respectivamente com o deslizamento de ua[ua] e ue[uə] para ng[ŋ].

How to pronounce ua, uo, uai, uei, uan, uen, uang, and ueng

ua, uo: Pronounce u[u] first and then slide to the other vowel. The latter vowel is pronounced louder and clearer.

uai, uei: Pronounce u[u] first and then slide to the other compound vowel. The middle vowel is pronounced louder.

uan and uen are front nasal finals. Pronounce ua[ua], ue[uə] first and then slide to n[n].

uang and ueng are back nasal finals. Pronounce ua[ua], ue[uə] first and then slide to ng[ŋ].

❹ 声韵拼合
Combinação inicial-final
Initial-final combinations

声母 Iniciais Initials	韵母 Finais Finals			
	ua	uo	uai	uei
d		duo		dui
t		tuo		tui
n		nuo		
l		luo		
g	gua	guo	guai	gui
k	kua	kuo	kuai	kui
h	hua	huo	huai	hui

声母 Iniciais Initials	韵母 Finais Finals			
	uan	uen	uang	ueng
d	duan	dun		
t	tuan	tun		
n	nuan			
l	luan	lun		
g	guan	gun	guang	
k	kuan	kun	kuang	
h	huan	hun	huang	

国际汉语教程（初级篇）

汉字知识
Conhecimentos sobre caracteres chineses
Knowledge about Chinese characters

汉字的结构类型（一）

独体字

汉字的形体结构可以分为独体字和合体字两大类。

独体字在字形上分解不出两个或两个以上的部件，而只能分解出笔画。例如：

日、月、上、木、人、马、手

Estruturas dos caracteres chineses (1)

Caracteres singulares

Os caracteres chineses poderão classificar-se, de acordo com a sua estrutura, em duas categorias: caracteres singulares e caracteres compostos.

Os caracteres singulares não se decompõem em dois ou mais componentes, mas podem ser separados por traços. Por exemplo:

日、月、上、木、人、马、手

Structures of Chinese characters (1)

Single-component characters

In terms of structures, Chinese characters fall into two categories: single-component and multi-component.

A single-component character cannot be further separated into two or more components. They can only be disassembled into strokes. For example:

日、月、上、木、人、马、手

· 54 ·

| 中华文化知识 | Conhecimentos culturais chineses
Chinese cultural knowledge |

中国人的亲属称谓

中国人的亲属称谓比较复杂。分为直系血亲、旁系血亲和姻亲，直系血亲和旁系血亲中又有父系和母系之分。以下为中国人的主要亲属称谓。

Expressão de parentesco em chinês

Os nomes dados ao parentesco são muito complicados em chinês. Podem ser classificados em três grandes categorias: parentesco em linha recta, parentesco colateral e parentesco por afinidade. Tanto o parentesco em linha recta como o parentesco colateral poderão ser subdividos em parentesco de linha paterna e de linha materna. A seguir apresentam-se os principais nomes do parentesco chinês.

Kinship terms in Chinese

Kinship terms are complicated in Chinese. They can be classified into three major categories: direct lineal relatives by blood, collateral relatives by blood, and in-laws. Both direct lineal and collateral relatives by blood can be further divided into those on the paternal side and those on the maternal side. The followings are some major kinship terms in Chinese.

一、直系血亲

父系

曾曾祖父（zēngzēngzǔfù）—曾祖父（zēngzǔfù）—祖父（zǔfù）—父亲（fùqin）

曾曾祖母（zēngzēngzǔmǔ）—曾祖母（zēngzǔmǔ）—祖母（zǔmǔ）—父亲（fùqin）

母系

曾曾外祖父（zēngzēngwàizǔfù）—曾外祖父（zēngwàizǔfù）—外祖父（wàizǔfù）—母亲（mǔqin）

曾曾外祖母（zēngzēngwàizǔmǔ）—曾外祖母（zēngwàizǔmǔ）—外祖母（wàizǔmǔ）—母亲（mǔqin）

儿子（érzi）：夫妻间男性的第一子代。

女儿（nǚ'ér）：夫妻间女性的第一子代。

孙（sūn）：夫妻间的第二子代，依性别又分孙子、孙女。

曾孙（zēngsūn）：夫妻间的第三子代。

国际汉语教程（初级篇）

玄孙（xuánsūn）：夫妻间的第四子代。

Parentesco em linha recta

Parentesco de linha paterna

曾曾祖父(zēngzēngzǔfù) Trisavô – 曾祖父(zēngzǔfù) bisavô – 祖父(zǔfù) avô – 父亲(fùqin) pai

曾曾祖母 (zēngzēngzǔmǔ) Trisavó – 曾祖母 (zēngzǔmǔ) bisavó – 祖母 (zǔmǔ) avó – 父亲 (fùqin) pai

Parentesco de linha materna

曾曾外祖父(zēngzēngwàizǔfù) Trisavô – 曾外祖父 (zēngwàizǔfù) bisavô – 外祖父 (wàizǔfù) avô – 母亲 (mǔqin) mãe

曾曾外祖母(zēngzēngwàizǔmǔ) Trisavó – 曾外祖母(zēngwàizǔmǔ) bisavó – 外祖母 (wàizǔmǔ) avó – 母亲 (mǔqin) mãe

儿子 (érzi) Filho: a primeira geração filial do sexo masculino de um casal.

女儿 (nǚ'ér) Filha: a primeira geração filial do sexo feminino de um casal.

孙 (sūn) Neto: a segunda geração filial de um casal. São designados neto ou neta de acordo com o sexo.

曾孙 (zēngsūn) Bisneto: a terceira geração filial de um casal.

玄孙 (xuánsūn) Trineto: a quarta geração filial de um casal.

Direct lineal relatives by blood

The paternal side

曾曾祖父 (zēngzēngzǔfù) Great-great grandfather – 曾祖父 (zēngzǔfù) great grandfather – 祖父 (zǔfù) grandfather – 父亲 (fùqin) father

曾曾祖母(zēngzēngzǔmǔ) Great-great grandmother – 曾祖母(zēngzǔmǔ) great grandmother – 祖母 (zǔmǔ) grandmother – 父亲 (fùqin) father

The maternal side

曾曾外祖父(zēngzēngwàizǔfù) Great-great grandfather – 曾外祖父(zēngwàizǔfù) great grandfather – 外祖父 (wàizǔfù) grandfather – 母亲 (mǔqin) mother

曾曾外祖母 (zēngzēngwàizǔmǔ) Great-great grandmother – 曾外祖母 (zēngwàizǔmǔ) great grandmother – 外祖母 (wàizǔmǔ) grandmother – 母亲 (mǔqin) mother

儿子 (érzi) Son: the first male filial generation of a couple.

女儿 (nǚ'ér) Daughter: the first female filial generation of a couple.

孙(sūn) Grandchild: the second filial generation of a couple. A grandchild can be termed a grandson or a granddaughter according to the gender.

曾孙 (zēngsūn) Great grandchild: the third filial generation of a couple.

玄孙 (xuánsūn) Great-great grandchild: the fourth filial generation of a couple.

二、旁系血亲

哥哥（gēge）：同辈中年龄比自己大的男子。

弟弟（dìdi）：同辈中年龄比自己小的男子。

姐姐（jiějie）：同辈中年龄比自己大的女子。

妹妹（mèimei）：同辈中年龄比自己小的女子。

父系

伯（bó）：父亲的哥哥，也称伯父、伯伯、大爷。

伯母（bómǔ）：伯父的妻子，也称大妈、大娘。

叔（shū）：父亲的弟弟，也称叔叔、叔父。

婶（shěn）：叔叔的妻子，也称婶子、婶母。

姑（gū）：父亲的姐妹，也称姑姑、姑母。

姑父（gūfu）：姑姑的丈夫。

母系

舅（jiù）：母亲的兄弟，也称舅舅、舅父。

舅妈（jiùmā）：舅舅的妻子，也称舅母。

姨（yí）：母亲的姐妹，也称姨妈。

姨父（yífu）：姨的丈夫。

Parentesco colateral

哥哥 (gēge) Irmão mais velho: o homem que é mais velho do que alguém da mesma geração.

弟弟 (dìdi) Irmão mais novo: o homem que é mais novo do que alguém da mesma geração.

姐姐 (jiějie) Irmã mais velha: a mulher que é mais velha do que alguém da mesma geração.

妹妹 (mèimei) Irmã mais nova: a mulher que é mais nova do que alguém da mesma geração.

Parentesco de linha paterna

伯 (bó) Tio: o irmão mais velho do pai. É também tratado como bófù, bóbo e dàye.

伯母 (bómǔ) Tia: a esposa do irmão mais velho do pai. É também tratada como dàmā, dàniáng.

叔 (shū) Tio: o irmão mais novo do pai. É também tratado como shūshu, shūfù.

婶 (shěn) Tia: a esposa do irmão mais novo do pai. É também tratada como shěnzi, shěnmǔ.

姑 (gū) Tia paterna: a irmã do pai. É também tratada como gūgu, gūmǔ.

姑父 (gūfu) Tio: o marido da irmã do pai.

国际汉语教程（初级篇）

Parentesco de linha materna

舅 (jiù) Tio materno: o irmão da mãe. É também tratado como jiùjiu, jiùfù.

舅妈 (jiùmā) Tia: a esposa do irmão da mãe. É também tratada como jiùmǔ.

姨 (yí) Tia materna: a irmã da mãe. É também tratada como yímā.

姨父 (yífu) Tio: o marido da irmã da mãe.

Collateral relatives by blood

哥哥 (gēge) Elder brother: an older male of the same generation.

弟弟 (dìdi) Younger brother: a younger male of the same generation.

姐姐 (jiějie) Elder sister: an older female of the same generation.

妹妹 (mèimei) Younger sister: a younger female of the same generation.

The paternal side

伯 (bó) Uncle: the elder brother of one's father, also known as bófù, bóbo, dàye.

伯母 (bómǔ) Aunt: the wife of one's father's elder brother, also known as dàmā, dàniáng.

叔 (shū) Uncle: the younger brother of one's father, also known as shūshu, shūfù.

婶 (shěn) Aunt: the wife of the younger brother of one's father, also known as shěnzi, shěnmǔ.

姑 (gū) Paternal aunt: a sister of one's father, also known as gūgu, gūmǔ.

姑父 (gūfu) Uncle: the husband of a sister of one's father.

The maternal side

舅 (jiù) Maternal uncle: a brother of one's mother, also known as jiùjiu, jiùfù.

舅妈 (jiùmā) Aunt: the wife of a brother of one's mother, also known as jiùmǔ.

姨 (yí) Maternal aunt: a sister of one's mother, also known as yímā.

姨父 (yífu) Uncle: the husband of a sister of one's mother.

三、姻亲

公公（gōnggong）：丈夫的父亲，面称爸爸。

婆婆（pópo）：丈夫的母亲，面称妈妈。

岳父（yuèfù）：妻子的父亲，也称丈人，面称爸爸。

岳母（yuèmǔ）：妻子的母亲，也称丈母娘，面称妈妈。

嫂子（sǎozi）：哥哥的妻子。

弟妹（dìmèi）：弟弟的妻子，也称弟媳。

姐夫（jiěfu）：姐姐的丈夫。

妹夫（mèifu）：妹妹的丈夫。

儿媳（érxí）：儿子的妻子。

女婿（nǚxu）：女儿的丈夫。

大伯子（dàbǎizi）：丈夫的哥哥。

小叔子（xiǎoshūzi）：丈夫的弟弟。

大姑子（dàgūzi）：丈夫的姐姐。

小姑子（xiǎogūzi）：丈夫的妹妹。

大舅子（dàjiùzi）：妻子的哥哥。

小舅子（xiǎojiùzi）：妻子的弟弟。

大姨子（dàyízi）：妻子的姐姐。

小姨子（xiǎoyízi）：妻子的妹妹。

Parentesco por afinidade

公公 (gōnggong) Sogro: o pai do marido. É também tratado directamente como "pai".

婆婆 (pópo) Sogra: a mãe do marido. É também tratada directamente como "mãe".

岳父 (yuèfù) Sogro: o pai da esposa. É também tratado como zhàngren (sogro), ou directamente como "pai".

岳母 (yuèmǔ) Sogra: a mãe da esposa. É também tratada como zhàngmuniáng (sogra), ou directamente como "mãe".

嫂子 (sǎozi) Cunhada: a esposa do irmão mais velho.

弟妹 (dìmèi) Cunhada: a esposa do irmão mais novo. É também tratada como dìxí.

姐夫 (jiěfu) Cunhado: o marido da irmã mais velha.

妹夫 (mèifu) Cunhado: o marido da irmã mais nova.

儿媳 (érxí) Nora: a esposa do filho.

女婿 (nǚxu) Genro: o marido da filha.

大伯子 (dàbǎizi) Cunhado: o irmão mais velho do marido.

小叔子 (xiǎoshūzi) Cunhado: o irmão mais novo do marido.

大姑子 (dàgūzi) Cunhada: a irmã mais velha do marido.

小姑子 (xiǎogūzi) Cunhada: a irmã mais nova do marido.

大舅子 (dàjiùzi) Cunhado: o irmão mais velho da esposa.

小舅子 (xiǎojiùzi) Cunhado: o irmão mais novo da esposa.

大姨子 (dàyízi) Cunhada: a irmã mais velha da esposa.

小姨子 (xiǎoyízi) Cunhada: a irmã mais nova da esposa.

In-laws

公公 (gōnggong) Father-in-law: the father of one's husband. A father-in-law can also be directly called "father".

婆婆 (pópo) Mother-in-law: the mother of one's husband. A mother-in-law can also be directly called "mother".

岳父 (yuèfù) Father-in-law: the father of one's wife, also known as zhàngren. A father-in-law can also be directly called "father".

岳母 (yuèmǔ) Mother-in-law: the mother of one's wife, also known as zhàngmuniáng. A mother-in-law can also be directly called "mother".

嫂子 (sǎozi) Sister-in-law: the wife of one's elder brother.

弟妹 (dìmèi) Sister-in-law: the wife of one's younger brother.

姐夫 (jiěfu) Brother-in-law: the husband of one's elder sister.

妹夫 (mèifu) Brother-in-law: the husband of one's younger sister.

儿媳 (érxí) Daughter-in-law: the wife of one's son.

女婿 (nǚxu) Son-in-law: the husband of one's daughter.

大伯子 (dàbǎizi) Brother-in-law: the elder brother of one's husband.

小叔子 (xiǎoshūzi) Brother-in-law: the younger brother of one's husband.

大姑子 (dàgūzi) Sister-in-law: the elder sister of one's husband.

小姑子 (xiǎogūzi) Sister-in-law: the younger sister of one's husband.

大舅子 (dàjiùzi) Brother-in-law: the elder brother of one's wife.

小舅子 (xiǎojiùzi) Brother-in-law: the younger brother of one's wife.

大姨子 (dàyízi) Sister-in-law: the elder sister of one's wife.

小姨子 (xiǎoyízi) Sister-in-law: the younger sister of one's wife.

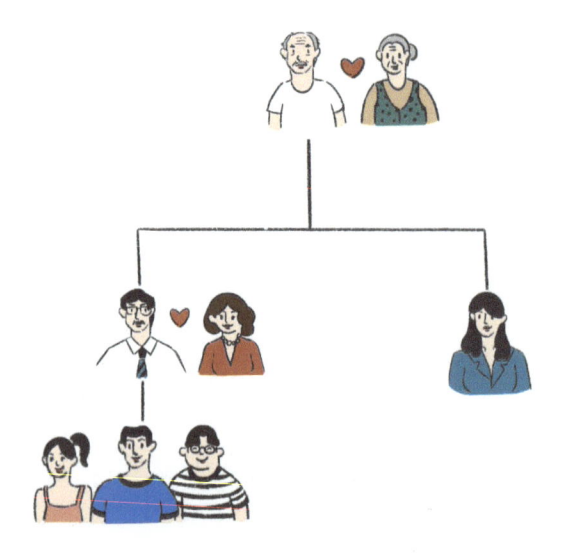

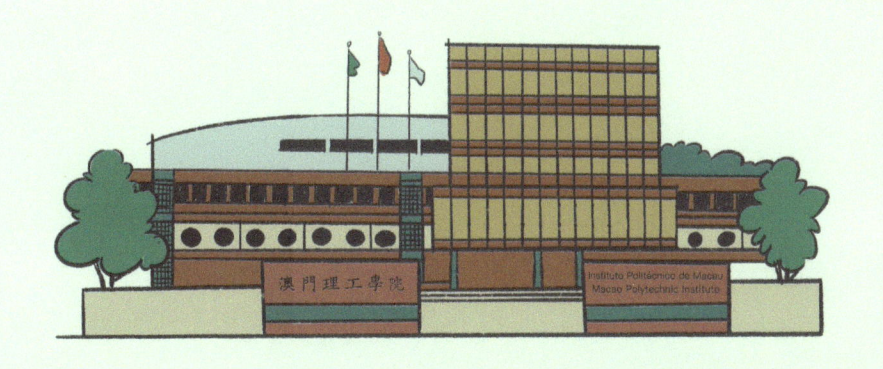

第四课　那是谁？

Lição 4　Quem é aquele?

Lesson 4　Who is that?

国际汉语教程（初级篇）

课文 Texto / Text

那是谁？ Quem é aquele? / Who is that?

罗飞龙：马修文，你看，那是谁？
Luó Fēilóng: Mǎ Xiūwén, nǐ kàn, nà shì shéi?

马修文：哪位？
Mǎ Xiūwén: Nǎ wèi?

罗飞龙：就是那位女士。
Luó Fēilóng: Jiù shì nà wèi nǚshì.

马修文：噢，那位是杨老师。
Mǎ Xiūwén: Ō, nà wèi shì Yáng lǎoshī.

罗飞龙：她是澳门人吗？
Luó Fēilóng: Tā shì Àoménrén ma?

马修文：不是，她不是澳门人。她是北京人。
Mǎ Xiūwén: Bù shì, tā bù shì Àoménrén. Tā shì Běijīngrén.

罗飞龙：杨老师教什么课？
Luó Fēilóng: Yáng lǎoshī jiāo shénme kè?

马修文：杨老师教历史课。
Mǎ Xiūwén: Yáng lǎoshī jiāo lìshǐkè.

罗飞龙：刘大江，你认识陈教授吗？
Luó Fēilóng: Liú Dàjiāng, nǐ rènshi Chén jiàoshòu ma?

刘大江：认识。这位先生就是。
Liú Dàjiāng: Rènshi. Zhè wèi xiānsheng jiù shì.

刘大江：陈教授，您好！
Liú Dàjiāng: Chén jiàoshòu, nín hǎo!

陈教授：大江同学，你好！这位男同学是……
Chén jiàoshòu: Dàjiāng tóngxué, nǐ hǎo! Zhè wèi nántóngxué shì...

刘大江：这位是罗飞龙同学，葡萄牙人，他学习汉语。
Liú Dàjiāng: Zhè wèi shì Luó Fēilóng tóngxué, Pútáoyárén, tā xuéxí Hànyǔ.

· 62 ·

陈教授：你好！认识你很高兴。
Chén jiàoshòu: Nǐ hǎo! Rènshi nǐ hěn gāoxìng.
罗飞龙：陈教授，认识您我也很高兴。
Luó Fēilóng: Chén jiàoshòu, rènshi nín wǒ yě hěn gāoxìng.

那是誰？

羅飛龍：馬修文，你看，那是誰？
馬修文：哪位？
羅飛龍：就是那位女士。
馬修文：噢，那位是楊老師。
羅飛龍：她是澳門人嗎？
馬修文：不是，她不是澳門人。她是北京人。
羅飛龍：楊老師教什麼課？
馬修文：楊老師教歷史課。

羅飛龍：劉大江，你認識陳教授嗎？
劉大江：認識。這位先生就是。
劉大江：陳教授，您好！
陳教授：大江同學，你好！這位男同學是……
劉大江：這位是羅飛龍同學，葡萄牙人，他學習漢語。
陳教授：你好！認識你很高興。
羅飛龍：陳教授，認識您我也很高興。

生词 Vocabulário / New words

看		kàn	动	V	olhar, ver, assistira	to look, to see, to watch
那		nà	代	Pron	isso/aquilo, esse/aquele	that
谁	誰	shéi	代	Pron	quem	who

国际汉语教程（初级篇）

就		jiù	副	Adv	*meramente, justamente, exactamente*	merely, really, just, exactly, precisely
位		wèi	量	M	*classificador para pessoas (reverência)*	a measure word for person (respectfully)
女士		nǚshì	名	N	*senhora*	madam
噢		ō	叹	Int	*ó*	oh
她		tā	代	Pron	*ela, a, lhe*	she, her
不		bù	副	Adv	*não*	not
教		jiāo	动	V	*ensinar*	to teach
课	課	kè	名	N	*disciplina*	course
历史	歷史	lìshǐ	名	N	*história*	history
认识	認識	rènshi	动	V	*conhecer*	to know
这	這	zhè	代	Pron	*isto/este*	this
先生		xiānsheng	名	N	*senhor*	mister
男		nán	形	Adj	*masculino*	male
他		tā	代	Pron	*ele, o, lhe*	he, him
学习	學習	xuéxí	动	V	*estudar, aprender*	to study, to learn
高兴	高興	gāoxìng	形	Adj	*contente*	happy, glad

专有名词 Nomes próprios
Proper nouns

澳门	澳門	Macau	Macao

词句解释 Notas explicativas sobre frases
Explanatory notes on phrases and sentences

❶ 哪位？

"位"是量词。用于人，含有敬意。例如：

一位老师
两位同学
三位教授

Qual?

位 (wèi) é classificador. É utilizado para modificar pessoas, com sentido de respeito. Por exemplo:

一位老师
两位同学
三位教授

Which one?

A measure word that implies respect, 位 (wèi) is used to modify people. For example:

一位老师
两位同学
三位教授

❷ 就是那位女士。

副词"就"用来加强肯定，表示事实正是如此。例如：

这位同学就是罗飞龙。
我爸爸就是北京人。

É exactamente aquela senhora.

O advérbio 就 (jiù) serve para acentuar a confirmação, implicando que a verdade é exactamente assim. Por exemplo:

这位同学就是罗飞龙。
我爸爸就是北京人。

It is that lady.

The adverb 就 (jiù) is used here to strengthen confirmation, indicating that the fact is exactly as it is. For example:

这位同学就是罗飞龙。
我爸爸就是北京人。

国际汉语教程（初级篇）

语法 / Gramática / Grammar

❶ 指示代词"那"和"这"

汉语代词中对人、事物或情况起指别作用的代词，叫指示代词。最基本的指示代词包括表示近指的"这"和表示远指的"那"，由此又衍生出"这里"、"那里"、"这样"、"那样"、"这么"、"那么"等指示代词。

"那"和"这"可以单独指代单数的人或物，常与其他词语结合成短语使用，比如"那位"、"那个"、"这位"、"这个"。例如：

那就是我们的家。

这位是陈教授。

那个人就是杨老师。

Pronome demostrativo 那 e 这

Em chinês são designados demostrativos aqueles pronomes que servem para identificar e distinguir pessoas, objectos e situações. São formas básicas os demostrativos 这 (zhè) e 那 (nà), que indicam, do ponto de vista deítico, respectivamente pessoas ou objectos a uma distância curta ou longa do locutor. Daí derivam outras formas demostrativas, tais como 这里 (zhèli: aquí), 那里 (nàli: ali), 这样 (zhèyàng: tal), 那样 (nàyàng: assim), 这么 (zhème: tão), 那么 (nàme: tanto), entre outros.

那 e 这 são pronomes demostrativos que identificam uma pessoa ou um objecto singular. É frequentemente utilizado com outras palavras formando assim novas expressões, tais como 那位 (nà wèi: aquela), 那个 (nàge: essa), 这位 (zhè wèi: esta), 这个 (zhège: isto). Por exemplo:

那就是我们的家。

这位是陈教授。

那个人就是杨老师。

Demonstrative pronouns 那 and 这

Demonstrative pronouns are those that identify or point to things or persons. With the speakers as the deictic center, 这 (zhè: this) indicates things or people close to him while 那 (nà: that) refers to those that are further away, hence the derived forms 这里 (zhèli: here), 那里 (nàli: there), 这样 (zhèyàng: this way), 那样 (nàyàng: that way), 这么 (zhème: this), 那么 (nàme: that) and so on.

那 and 这 are demonstrative pronouns that typically refer to a singular thing or a singular person. They are often used with other words to form a short phrase, such as 那位 (nà wèi: that person), 那个 (nàge: that one), 这位 (zhè wèi: this person), 这个 (zhège: this one). For example:

那就是我们的家。

这位是陈教授。

那个人就是杨老师。

❷ 疑问代词"谁"

疑问代词"谁"用来对人进行提问。例如：

你是谁？

谁教历史？

Pronome interrogativo 谁

O pronome interrogativo 谁 (shéi: quem) serve para perguntar sobre pessoas. Por exemplo:

你是谁？

谁教历史？

The interrogative pronoun 谁

The interrogative pronoun 谁 (shéi: who) is used to ask about a person. For example:

你是谁？

谁教历史？

❸ 用"不"的否定句

"不"是否定副词，可以用在动词、形容词和其他副词前表示否定。例如：

她不是俄罗斯人。

他们不学习英语。

我不认识陈教授。

同学们最近不忙。

Frases negativas com 不

不 (bù: não) é advérbio negativo. Pode ser colocado à esquerda de verbos, adjectivos e outros advérbios para indicar o sentido negativo. Por exemplo:

她不是俄罗斯人。

他们不学习英语。

· 67 ·

我不认识陈教授。

同学们最近不忙。

Negative sentences with 不

不 (bù: not) is an adverb that may be used before a verb, an adjective or another adverb to indicate negation. For example:

她不是俄罗斯人。

他们不学习英语。

我不认识陈教授。

同学们最近不忙。

语音知识　Fonética / Phonetic knowledge

1 "一"和"不"的变调

"一"的变调

"一"的原调是第一声。单念，或在词末尾、句末尾及表序数时读原调。其他时候"一"的声调根据后面音节的声调改变。"一"后面的音节是第一声、第二声、第三声时，"一"读成第四声。"一"后面的音节是第四声时，"一"读成第二声。标注拼音时，原声调符号多保持不变。例如：

一般 yībān　一元 yī yuán　一本 yī běn　一个 yī gè

一边 yībiān　一年 yī nián　一点 yīdiǎn　一件 yī jiàn

依次应读为：

yìbān　yì yuán　yì běn　yí gè

yìbiān　yì nián　yìdiǎn　yí jiàn

"不"的变调

"不"的原调是第四声。单念或在第一声、第二声、第三声前读原调，在第四声前读第二声。标注拼音时，原声调符号保持不变。例如：

不喝 bù hē　不难 bù nán　不好 bù hǎo　不去 bù qù

不高 bù gāo　不来 bù lái　不小 bù xiǎo　不懈 bùxiè

依次应读为：

bù hē　bù nán　bù hǎo　bú qù

bù gāo　bù lái　bù xiǎo　búxiè

Mudança de tom de 一 e 不

Mudança de tom de 一

O tom original do numeral 一 (yī: um, uma) é o primeiro. Quando se encontra individualmente, ocorre no final de uma palavra ou frase ou quando expressa o número ordinal pronuncia-se no primeiro tom. No entanto, a pronunciação do 一 varia de acordo com as sílabas que o seguem. Muda para o quarto tom quando é seguido de uma sílaba pronunciada com o primeiro, o segundo e o terceiro tom. Muda para o segundo tom quando é seguido de uma sílaba pronunciada com o quarto tom. Por exemplo:

一般 yībān 一元 yī yuán 一本 yī běn 一个 yī gè
一边 yībiān 一年 yī nián 一点 yīdiǎn 一件 yī jiàn

devem pronunciar-se respectivamente como:

yìbān yì yuán yì běn yí gè
yìbiān yì nián yìdiǎn yí jiàn

Mudança de tom de 不

O tom original do 不 (bù: não) é o quarto. Pronuncia-se no quarto tom quando se encontra individualmente, ou quando é seguido de uma sílaba pronunciada com o primeiro, o segundo e o terceiro tom. Muda para o segundo tom quando se segue de uma sílaba pronunciada com o quarto tom. Por exemplo:

不喝 bù hē 不难 bù nán 不好 bù hǎo 不去 bù qù
不高 bù gāo 不来 bù lái 不小 bù xiǎo 不懈 bùxiè

devem pronunciar-se respectivamente como:

bù hē bù nán bù hǎo bú qù
bù gāo bù lái bù xiǎo búxiè

Sandhi of 一 and 不

Sandhi of 一

The original tone of 一 (yī: one) is the first. When it is pronounced individually, at the end of a word or a sentence, or expressing an ordinal number, it is pronounced as the first tone. However, the pronunciation of 一 varies according to the tone of the following syllables. When the tone of the following syllable is the first, second or third, 一 is pronounced as the fourth tone. When the tone of the following syllable is the fourth, 一 is pronounced as the second tone. However, in *pinyin* marking, the original tone marker remains unchanged. For example:

一般 yībān 一元 yī yuán 一本 yī běn 一个 yī gè
一边 yībiān 一年 yī nián 一点 yīdiǎn 一件 yī jiàn

国际汉语教程（初级篇）

These phrases should be read as follows, in the same order as above: namely, from the first line to the second line, from left to right:

  yìbān yì yuán yì běn yí gè

  yìbiān yì nián yìdiǎn yí jiàn

Sandhi of 不

The original tone of 不 (bù: not, no) is the fourth tone. When it is pronounced individually or before a word of the first, second or third tone, it is pronounced as the fourth tone. When it is used before a word of the fourth tone, it is pronounced as the second tone. However, in *pinyin* marking, the original tone marker remains unchanged. For example:

  不喝 bù hē 不难 bù nán 不好 bù hǎo 不去 bù qù

  不高 bù gāo 不来 bù lái 不小 bù xiǎo 不懈 bùxiè

These phrases should be read as follows, in the same order as above: namely, from the first line to the second line, from left to right:

  bù hē bù nán bù hǎo bú qù

  bù gāo bù lái bù xiǎo búxiè

❷ 声母 j、q、x 的发音要领

  j：舌面前部与硬腭贴紧，然后打开一条窄缝，气流从窄缝中摩擦而出。声带不振动。不送气。

  q：舌面前部与硬腭贴紧，然后打开一条窄缝，气流从窄缝中摩擦而出。声带不振动。送气。

  x：舌面前部接近硬腭，中间留一条窄缝，气流从中间窄缝中摩擦而出。声带不振动。

Como pronunciar j, q, e x

j: Pronuncia-se com o levantamento da ponta da língua contra o palato e em seguida com uma abertura de um canal estreito para a expiração friccionada do ar. Não aspirado e sem vibração das cordas vocais.

q: Pronuncia-se com o levantamento da ponta da língua contra o palato e em seguida com uma abertura de um canal para a expiração friccionada do ar. Aspirado e sem vibração das cordas vocais.

x: Pronuncia-se com o levantamento da ponta da língua em direcção ao palato, sem o tocar deixando assim um canal estreito para a expiração friccionada do ar. Sem vibração das cordas vocais.

How to pronounce j, q, and x

j: Raise the front of the tongue to press against the hard palate and then open up a narrow gap to release the breath with friction, voiceless and unaspirated.

q: Raise the front of the tongue to press against the hard palate and then open up a narrow gap to make the breath pop out with friction, voiceless and aspirated.

x: Put the front of the tongue close to the hard palate to form a narrow passage, then release the breath along it with friction, without the vibration of the vocal cords.

❸ 韵母 ia、ie、iao、iou、ian、in、iang、ing、iong、üe、üan、ün 的发音要领

　　ia、ie：从元音 i[i] 滑向另一个元音。发音时，后面一个元音比较响亮清楚。

　　iao、iou：从元音 i[i] 滑向后面的复元音。发音时，中间的一个元音比较响亮。

　　ian、in、iang、ing、iong 为鼻韵母。发音时由前面的元音自然地过渡到后面的鼻辅音，中间不要间断。声带振动。

　　ian、in 为前鼻韵母。发音时，最后以舌尖抵住上齿背。

　　iang、ing、iong 为后鼻韵母。发音时，最后舌后部抬起和软腭后部相贴。

　　üe：从元音 ü[y] 滑向另一个元音。发音时，后面一个元音比较响亮清楚。

　　üan、ün 是前鼻韵母，发音时由 üa[yɛ] 和 ü[y] 过渡到 n[n]。

Como pronunciar ia, ie, iao, iou, ian, in, iang, ing, iong, üe, üan e ün

ia, ie: Pronuncia-se com o deslizamento da vogal i[i] para a outra vogal. A última vogal é pronunciada mais alto e de modo mais claro.

iao, iou: Pronuncia-se com um o deslizamento da vogal i[i] para a posterior vogal composta. A vogal no meio é pronunciada mais alto.

ian, in, iang, ing e iong são finais nasais. Pronunciam-se com um deslizamento natural da vogal anterior para a posterior consoante nasal. Sem pausa e com vibração das cordas vocais.

ian e in são finais nasais anteriores. Pronunciam-se, no final, com o levantamento da ponta da língua para tocar a parte posterior dos dentes superiores.

iang, ing e iong são finais nasais posteriores. Pronunciam-se, no final, com o levantamento da parte posterior da língua para tocar o véu palatino.

üe: Pronuncia-se com o deslizamento da vogal ü[y] para a outra vogal. A última vogal é pronunciada mais alto e de modo mais claro.

üan e ün são finais nasais anteriores. Pronunciam-se com o deslizamento de üa[yɛ] e ü[y] para n[n].

How to pronounce ia, ie, iao, iou, ian, in, iang, ing, iong, üe, üan, **and** ün

ia, ie: Pronounce i[i] first and then slide to the other vowel. The latter vowel is pronounced louder and clearer.

iao, iou: Pronounce i[i] first and then slide to the compound vowel. The middle vowel is pronounced louder.

ian, in, iang, ing and iong are nasal finals. Pronounce the vowel first and then naturally slide to the following nasal consonant without a break while vibrating the vocal cords.

ian and in are front nasal finals. At the final stage of the pronunciation, raise the tip of the tongue to touch the back of the upper teeth.

iang, ing and iong are back nasal finals. At the final stage of the pronunciation, raise the back of the tongue to press against the back of the soft palate.

üe: Pronounce ü[y] first and then slide to the other vowel. The latter vowel is pronounced louder and clearer.

üan and ün are front nasal finals. Pronounce üa[yɛ] and ü[y] first and then slide to n[n].

❹ 声韵拼合

Combinação inicial-final

Initial-final combinations

声母 Iniciais Initials	韵母 Finais Finals								
	ia	ie	iao	iou	ian	in	iang	ing	iong
b		bie	biao		bian	bin		bing	
p		pie	piao		pian	pin		ping	
m		mie	miao	miu	mian	min		ming	
f									
d		die	diao	diu	dian			ding	
t		tie	tiao		tian			ting	
n		nie	niao	niu	nian	nin	niang	ning	
l	lia	lie	liao	liu	lian	lin	liang	ling	
j	jia	jie	jiao	jiu	jian	jin	jiang	jing	jiong
q	qia	qie	qiao	qiu	qian	qin	qiang	qing	qiong
x	xia	xie	xiao	xiu	xian	xin	xiang	xing	xiong

声母 Iniciais Initials	韵母 Finais Finals		
	üe	üan	ün
n	nüe		
l	lüe		
j	jue	juan	jun
q	que	quan	qun
x	xue	xuan	xun

汉字知识 Conhecimentos sobre caracteres chineses / Knowledge about Chinese characters

汉字的结构类型（二）

合体字

汉字的字形结构，除独体字外就是合体字。合体字是由两个或两个以上的部件组合而成的汉字，例如："好"、"你"等。现代汉字多数为合体字，百分之九十左右的合体字是形声字，例如："爸"、"忙"等。还有一部分是会意字，例如："美"、"家"等。

日(义) + 月(义) = 明

女(义) + 马(音ma) = 妈

Estruturas dos caracteres chineses (2)

Caracteres compostos

Em termos da composição dos caracteres chineses encontram-se, além dos caracteres singulares, também caracteres compostos.

Os compostos são formados por dois ou mais componentes, como 好 (hǎo: bem) e 你 (nǐ: você). A maioria dos caracteres modernos são compostos; mais de 90% são caracteres picto-fonéticos, por exemplo, 爸 (bà: papá) e 忙 (máng: ocupado), e alguns são associativos, por exemplo, 美 (měi: belo) e 家 (jiā: família).

Structures of Chinese characters
Multi-component characters
Besides single-component characters, there are multi-component Chinese characters as well. Multi-component characters consist of two or more components, such as 好 (hǎo: good) and 你 (nǐ: you). Most of the Modern Chinese characters are multi-component ones, of which 90% are pictophonetic characters, such as 爸 (bà: dad) and 忙 (máng: busy). Some associative characters are also multi-component characters, such as 美 (měi: beautiful) and 家 (jiā: home).

中华文化知识
Conhecimentos culturais chineses
Chinese cultural knowledge

中国人的姓和名

中国汉族人的姓名，是姓在前，名在后。

中国汉族人的姓氏起源于母系氏族社会。有学者说从古至今中国人用汉字记录的姓氏已达两万个以上，有关部门的人口统计数据表明，当代中国人正在使用的姓有4700多个。中国人的姓分为单姓和复姓，单姓为一个汉字的姓，例如：赵、钱、孙、李等；复姓为两个或两个以上汉字的姓，例如：欧阳、皇甫、上官、令狐等。其中李、王、张、刘、陈是人口最多的姓。

中国人一般都在孩子出生后由长辈取名，汉族人的名多为一个汉字或两个汉字。选择什么汉字为名，跟人们的文化修养有关。中国人取名男女有别，男性的名一般多选用表示威武勇猛的字；女性的名常选用表示温柔美丽的字。统计数据表明现代中国男性的名用得最多的汉字是："涛"、"浩"、"鑫"、"杰"、"俊"、"磊"、"宇"、"鹏"、"帅"、"超"等；而女性的名用得最多的汉字是："婷"、"静"、"颖"、"雪"、"敏"、"悦"、"倩"、"洁"、"玉"、"欣"等。

Os apelidos e nomes do povo chinês

Os apelidos precedem os nomes dos chineses da etnia Han.

Os apelidos chineses têm origem na sociedade matriarcal. O número dos apelidos chineses registados desde a antiguidade já ultrapassou, de acordo com os investigadores, 20 000. De acordo com os dados demográficos, o número dos apelidos actualmente utilizados pelos chineses atingiu cerca de 4 700. Os apelidos chineses dividem-se em duas categorias: os de carácter singular (apelidos compostos por um só carácter), por exemplo, Zhao, Qian, Sun e Li, e os de carácter duplo (apelidos compostos por dois caracteres), como Ouyang, Huangfu, Shangguan, Linghu. Os apelidos mais frequentemente utilizados são os Li, Wang, Zhang, Liu e Chen.

Os nomes dos chineses são normalmente dados pelos membros seniores da família após o nascimento. Os nomes do povo chinês da etnia Han incluem geralmente um ou dois caracteres. A selecção dos caracteres na nomeação de uma pessoa está bastante relacionada com a educação e a cultura. Os nomes masculinos e femininos diferem substancialmente, por exemplo, os caracteres que sugerem a coragem e a força são frequentemente utilizados nos nomes masculinos, como 涛 (tāo: ondas), 浩 (hào: vasto), 鑫 (xīn: rico), 杰 (jié: herói), 俊 (jùn: bonito), 磊 (lěi: rocha), 宇 (yǔ: universo), 鹏 (péng: roc), 帅 (shuài: bonito), e 超 (chāo: super), e os que sugerem a suavidade e a beleza são frequentemente utilizados nos nomes femininos, por exemplo, 婷 (tíng: maviosidade), 静 (jìng: calmo), 颖 (yǐng: inteligente), 雪 (xuě: neve), 敏 (mǐn: agile), 悦 (yuè: alegria), 倩 (qiàn: lindeza), 洁 (jié: puro), 玉 (yù: jade), 欣 (xīn: rejubilar).

Chinese surnames and given names

For Han Chinese, the surname comes before the given name.

Chinese surnames originated from the matriarchal society period. Some scholars believe that the recorded Chinese surnames have totaled over 20 000. The demographic data show that about 4 700 surnames are being used by the Chinese people today.

Chinese surnames fall into two categories: Single-character surnames and multi-character surnames. Single-character surnames are those using one Chinese character, such as Zhao, Qian,

Sun and Li. Multi-character surnames are those using two or more Chinese characters, such as Ouyang, Huangfu, Shangguan and Linghu. The most frequently seen Chinese surnames include Li, Wang, Zhang, Liu, and Chen.

A given name is usually selected by a senior in the family after a child is born. A Han Chinese given name is often made up by one or two Chinese characters. The selection of a Chinese given name very much reflects the educational level and social status of the name-giver. Males and females are named very differently. For the former, Chinese characters indicating bravery and strength, for instance, are often chosen, such as 涛 (tāo: wave), 浩 (hào: vast), 鑫 (xīn: prosperity), 杰 (jié: hero), 俊 (jùn: good-looking), 磊 (lěi: a heap of rocks), 宇 (yǔ: the universe), 鹏 (péng: rapture), 帅 (shuài: handsome), 超 (chāo: super), while characters expressing softness and beauty are frequently adopted for females, as in 婷 (tíng: graceful), 静 (jìng: quietness), 颖 (yǐng: intellegent), 雪 (xuě: snow), 敏 (mǐn: agility), 悦 (yuè: joy), 倩 (qiàn: pretty), 洁 (jié: pure), 玉 (yù: jade), 欣 (xīn: happy).

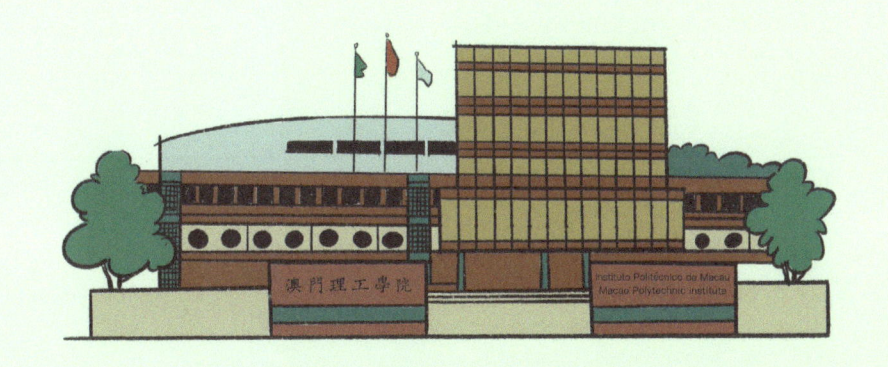

第五课　你打算做什么工作？

Lição 5　Que trabalho pretendes fazer?

Lesson 5　What work do you plan to do?

国际汉语教程（初级篇）

课文 Texto / Text

你打算做什么工作？
Que trabalho pretendes fazer?
What work do you plan to do?

何爱丽：飞龙，你爸爸妈妈做什么工作？
Hé Àilì: Fēilóng, nǐ bàba māma zuò shénme gōngzuò?

罗飞龙：我爸爸是律师，妈妈是医生。
Luó Fēilóng: Wǒ bàba shì lǜshī, māma shì yīshēng.

何爱丽：我爸爸也是律师，妈妈是小学老师。
Hé Àilì: Wǒ bàba yě shì lǜshī, māma shì xiǎoxué lǎoshī.

罗飞龙：你哥哥和姐姐多大？他们也工作吗？
Luó Fēilóng: Nǐ gēge hé jiějie duō dà? Tāmen yě gōngzuò ma?

何爱丽：我哥哥今年二十八岁，属龙，是工程师。
Hé Àilì: Wǒ gēge jīnnián èrshíbā suì, shǔ lóng, shì gōngchéngshī.

姐姐今年二十五岁，属羊，在医院当护士。你弟弟妹妹呢？
Jiějie jīnnián èrshíwǔ suì, shǔ yáng, zài yīyuàn dāng hùshi. Nǐ dìdi mèimei ne?

罗飞龙：他们都是中学生。我弟弟今年十六岁，妹妹十四岁。
Luó Fēilóng: Tāmen dōu shì zhōngxuéshēng. Wǒ dìdi jīnnián shíliù suì, mèimei shísì suì.

马修文：你毕业以后打算做什么工作？
Mǎ Xiūwén: Nǐ bìyè yǐhòu dǎsuan zuò shénme gōngzuò?

安梅兰：我打算当中学老师，在俄罗斯教中文。你呢？
Ān Méilán: Wǒ dǎsuan dāng zhōngxué lǎoshī, zài Éluósī jiāo Zhōngwén. Nǐ ne?

马修文：我想当大学老师，教中国历史。
Mǎ Xiūwén: Wǒ xiǎng dāng dàxué lǎoshī, jiāo Zhōngguó lìshǐ.

安梅兰：中国历史很有意思。
Ān Méilán: Zhōngguó lìshǐ hěn yǒu yìsi.

马修文：对。
Mǎ Xiūwén: Duì.

· 78 ·

你打算做什麼工作？

何愛麗：飛龍，你爸爸媽媽做什麼工作？
羅飛龍：我爸爸是律師，媽媽是醫生。
何愛麗：我爸爸也是律師，媽媽是小學老師。
羅飛龍：你哥哥和姐姐多大？他們也工作嗎？
何愛麗：我哥哥今年二十八歲，屬龍，是工程師。姐姐今年二十五歲，屬羊，在醫院當護士。你弟弟妹妹呢？
羅飛龍：他們都是中學生。我弟弟今年十六歲，妹妹十四歲。

馬修文：你畢業以後打算做什麼工作？
安梅蘭：我打算當中學老師，在俄羅斯教中文。你呢？
馬修文：我想當大學老師，教中國歷史。
安梅蘭：中國歷史很有意思。
馬修文：對。

生词 Vocabulário / New words

做		zuò	动	V	fazer	to do
工作		gōngzuò	名/动	N/V	trabalho, trabalhar	work, to work
律师	律師	lǜshī	名	N	advogado	lawyer, attorney
医生	醫生	yīshēng	名	N	médico	doctor
小学	小學	xiǎoxué	名	N	escola primária	primary school
多		duō	代	Pron	a que	how much
大		dà	形	Adj	velho, grande	old, big
今年		jīnnián	名	N	este ano	this year
二十八		èrshíbā	数	Nu	vinte e oito	twenty-eight
岁	歲	suì	量	M	ano(s)	year(s)
属	屬	shǔ	动	V	signo é	be born in the year of...

国际汉语教程（初级篇）

龙	龍	lóng	名	N	dragão	Loong
工程师	工程師	gōngchéngshī	名	N	engenheiro	engineer
二十五		èrshíwǔ	数	Nu	vinte e cinco	twenty-five
羊		yáng	名	N	carneiro	sheep
在		zài	介/动	Prep/V	em, estar	(to be) at, in, on
医院	醫院	yīyuàn	名	N	hospital	hospital
当	當	dāng	动	V	ser/ trabalhar como	to be, to do as, to work as
护士	護士	hùshi	名	N	enfermeiro	nurse
中学生	中學生	zhōngxuéshēng	名	N	alunos da escola secundária	middle school student
十六		shíliù	数	Nu	dezasseis	sixteen
十四		shísì	数	Nu	catorze	fourteen
毕业	畢業	bìyè	动	V	graduar-se	to graduate
以后	以後	yǐhòu	名	N	após	after
打算		dǎsuan	动	V	pretender	to plan, to intend
中学	中學	zhōngxué	名	N	escola secundária	middle school
想		xiǎng	动	V	pretender, querer	to plan, to intend, to want, to think
大学	大學	dàxué	名	N	universidade	university
有意思		yǒu yìsi	形	Adj	interessante	interesting
对	對	duì	形	Adj	certo, correto	right, correct

专有名词   Nomes próprios / Proper nouns

中国	中國	China	China

词句解释

Notas explicativas sobre frases
Explanatory notes on phrases and sentences

❶ 在医院当护士

介词"在"后边加上处所名词，放在谓语动词前边，表示动作行为发生的地点。结构形式通常为：在＋处所名词＋动词。例如：

安梅兰在俄罗斯教中文。

她在医院当护士。

我在澳门学汉语。

"在"表示处所时也可以做一般动词使用，构成的句子结构与一般动词句子结构相同。例如：

他在哪儿？

他在澳门。

Para trabalhar como enfermeira num hospital

A estrutura 在 (zài)+lugar, composta pela preposição 在 seguida de palavras que indicam um lugar, é colocada à esquerda do verbo predicativo para indicar o lugar do acontecimento. A estrutura apresenta-se normalmente em 在 +Nomes de localidade+Verbos. Por exemplo:

安梅兰在俄罗斯教中文。

她在医院当护士。

我在澳门学汉语。

在 também pode ser usado como verbo geral ao indicar um lugar, formando uma estrutura de frases idêntica à de um verbo geral. Por exemplo:

他在哪儿？

他在澳门。

Working as a nurse in a hospital

Appearing before the predicate verb, the prepositional phrase formed by 在 (zài)+Location noun+Verb indicates the place where the action or event takes place. For example:

安梅兰在俄罗斯教中文。

她在医院当护士。

我在澳门学汉语。

在 can also be used as a general verb when indicating a place, forming a sentence structure identical to that of a general verb. For example:

他在哪儿？

他在澳门。

❷ 你毕业以后打算做什么工作？

"打算"在这里做动词，表示考虑、计划的意思。例如：

A：你毕业以后打算做什么工作？

B：我打算当老师。

O que pretende fazer após a graduação?

打算 (dǎsuan) é empregado como verbo, significa "pretender", "planear". Por exemplo:

A：你毕业以后打算做什么工作？

B：我打算当老师。

What do you intend to do after your graduation?

打算 (dǎsuan) here is used as a verb, meaning "to intend" or "to plan". For example:

A：你毕业以后打算做什么工作？

B：我打算当老师。

语法 Gramática / Grammar

❶ 一百以内的数字表达

Números até 100

Numbers within 100

1~10	1	2	3	4	5	6	7	8	9	10
	一	二	三	四	五	六	七	八	九	十
11~20	11	12	13	14	15	16	17	18	19	20
	十一	十二	十三	十四	十五	十六	十七	十八	十九	二十
21~100	21	22	23	34	45	56	78	89	99	100
	二十一	二十二	二十三	三十四	四十五	五十六	七十八	八十九	九十九	一百

❷ 疑问代词"多"

"多"用在疑问句中，放在形容词前，可用来询问数量或程度。例如：

你多大？

你知道他多高吗？

Pronome interrogativo 多

多 (duō: a que) é colocado à esquerda do adjectivo numa interrogativa para perguntar sobre o grau ou o número. Por exemplo:

你多大？

你知道他多高吗？

The interrogative pronoun 多

多 (duō: how much) is usually put before an adjective in a question to ask about the quantity or extent. For example:

你多大？

你知道他多高吗？

❸ 名词谓语句

名词谓语句中，谓语的主要作用是对主语进行说明或描写，可以说明年龄、日期、天气、籍贯、数量、价格、特征、属性等。例如：

我妹妹十四岁。

她澳门人。

我家五口人。

有些名词谓语句可以在名词谓语前面加"不是"，变成否定句，而不能只加"不"。例如：

我妹妹不是十四岁。

她不是澳门人。

我家不是五口人。

Frase com predicado nominal

Numa frase com predicado nominal, serve o predicado principalmente para descrever o sujeito, explicando a sua idade, data, tempo, local de origem, quantidade, preço, características e natureza. Por exemplo:

我妹妹十四岁。

她澳门人。

我家五口人。

Às vezes, usa-se a forma negativa da frase com predicado nominal. Nesse caso, acrescenta-se 不是 (bù shì: não ser), em vez de 不 (bù: não), à esquerda do predicado nominal. Por exemplo:

我妹妹不是十四岁。

她不是澳门人。

我家不是五口人。

Sentences with a nominal unit as the predicate

In a sentence with a nominal unit as its predicate, the main function of the nominal unit is to describe or explain the subject in various ways, including age, date, weather, place of ancestry, quantity, price, and characteristics. For example:

我妹妹十四岁。

她澳门人。

我家五口人。

In a sentence with a nominal unit as its predicate, 不是 (bù shì: not be), rather than 不 (bù: not), can be added before the nominal unit to form a corresponding negative sentence. For example:

我妹妹不是十四岁。

她不是澳门人。

我家不是五口人。

语音知识 — Fonética / Phonetic knowledge

1 声母 z、c、s、zh、ch、sh、r 的发音要领

z：发音时舌尖平伸，并抵住上齿背，较弱的气流在舌尖和齿背之间冲开一条窄缝，摩擦而出。声带不振动。不送气。

c：发音时舌尖平伸，抵住上齿背，气流在舌尖和齿背之间冲开一条窄缝，摩擦而出。声带不振动。送气。

s：舌尖接近上齿背，中间留一条窄缝，气流从窄缝中间摩擦而出。声带不振动。

zh：舌尖翘起顶住硬腭前部，较弱的气流在舌尖和硬腭之间冲开一条窄缝，摩擦而出。声带不振动。不送气。

ch：舌尖翘起顶住硬腭前部，气流在舌尖和硬腭之间冲开一条窄缝，摩擦而出。声带不振动。送气。

　　sh：舌尖翘起，接近硬腭，中间留一条窄缝，气流从窄缝中摩擦而出。声带不振动。

　　r：r 的发音部位与 sh 相同，只是发 r 时声带要振动。

Como pronunciar z, c, s, zh, ch, sh e r

z: Pronuncia-se esticando a ponta da língua contra a parte posterior dos dentes superiores com a expiração friccionada do ar através do estreito canal formado. Não aspirado e sem a vibração das cordas vocais.

c: Pronuncia-se esticando a ponta da língua contra a parte posterior dos dentes superiores com a expiração friccionada do ar através do estreito canal formado. Aspirado e sem a vibração das cordas vocais.

s: Pronuncia-se com a aproximação da ponta da língua em direcção à parte posterior dos dentes superiores e a expiração friccionada do ar que sai através do estreito canal formado entre a ponta da língua e a parte posterior dos dentes. Sem a vibração das cordas vocais.

zh: Pronuncia-se encurvando a ponta da língua contra a parte anterior do palato, e com a expiração friccionada do ar através do estreito canal formado. Não aspirado e sem a vibração das cordas vocais.

ch: Pronuncia-se encurvando a ponta da língua contra a parte anterior do palato, e com a expiração friccionada do ar através do estreito canal formado. Fortemente aspirado e sem a vibração das cordas vocais.

sh: Pronuncia-se encurvando a ponta da língua para o palato com a expiração friccionada do ar através do estreito canal formado. Sem a vibração das cordas vocais.

r: O posicionamente para o r é o mesmo que o do sh, com a excepção de ter de vibrar as cordas vocais ao pronuncia-lo.

How to pronounce z, c, s, zh, ch, sh, and r

z: Stretch the tongue to let its tip touch the back of the upper teeth to form a narrow gap, and then release a moderate breath through the gap with friction without vibrating the vocal cords nor aspiration.

c: Stretch the tongue to let its tip touch the back of the upper teeth to form a narrow gap, and then release the breath through the gap with friction while aspirating without vibrating the vocal cords.

s: Put the tip of the tongue close to the back of the upper teeth, leave a narrow gap, and then push the breath through the gap with friction while not vibrating the vocal cords.

zh: Raise tip of the tongue to touch the front of the hard palate, make a narrow gap, and then release a moderate breath through the gap with friction, voiceless and unaspirated.

ch: Raise tip of the tongue to touch the front of the hard palate, make a narrow gap, and then release, pushing the breath through the gap with friction while aspirating strongly without vibrating the vocal cords.

sh: Raise tip of the tongue and put it close to the front part of the hard palate, leave a narrow gap, and then release the breath through the gap with friction, voiceless.

r: The place of articulation of r is the same as sh, except that the vocal cords vibrate when r is pronounced.

❷ 韵母 -i[ɿ]、-i[ʅ]、er 的发音要领

-i[ɿ]：-i[ɿ] 是舌尖前韵母。在 zi、ci、si 中的 -i 读 [ɿ]。因汉语普通话中 [i] 不出现在 z、c、s 之后，所以 zi、ci、si 中的韵母 i 一定不能读成 [i]。

-i[ʅ]：-i[ʅ] 是舌尖后韵母。在 zhi、chi、shi、ri 中的 -i 读 [ʅ]。因为汉语普通话中 [i] 不出现在 zh、ch、sh、r 之后，所以 zhi、chi、shi、ri 中的韵母 i 一定不能读成 [i]。

er：er 是卷舌韵母。发音时，口自然张开，开口不大不小，舌位不前不后，唇不圆，舌尖向接近硬腭的方向卷起，同时发音。er 是特殊韵母，不跟任何声母结合，自成音节。

Como pronunciar -i[ɿ], -i[ʅ] e er

-i[ɿ] é a final alveolar. Pronuncia-se a final i como [ɿ] quando aparece em zi, ci e si. Em *putonghua*, a vogal [i] nunca poderá seguir as iniciais z, c e s, portanto a final i não se pronuncia como [i] em zi, ci e si.

-i[ʅ] é a final retroflexa. O som do i em zhi, chi, shi e ri é pronunciada como em *putonghua*. Na pronuncia a final i como [ʅ] não pode aparecer depois do zh, ch, sh e r. portanto a final i não se pronuncia como [i] em zhi, chi, shi e ri.

er: er é final retroflexa. Pronuncia-se com uma abertura bucal moderada e a língua na posição intermédia. Sem arredondamento da boca, eleva-se a ponta da língua, enrolando-a em direcção ao palato duro. er é uma vogal especial que compõe uma silaba, sem combinação alguma com as iniciais.

How to pronounce -i[ɿ], -i[ʅ], and er

-i[ɿ] is an alveolar final. The final i in zi, ci and si is pronounced as such. In *putonghua*, the sound [i] cannot appear after z, c, and s, so the final i in zi, ci and si cannot be pronounced as [i].

-i[ʅ] is a retroflex final. The final i in zhi, chi, shi and ri is pronounced as such. In *putonghua*, the simple final i[i] cannot appear after zh, ch, sh and r, so the final i in zhi, chi, shi and ri cannot be pronounced as [i].

er: er is a retroflexed final. Open the mouth naturally, with the opening not too big nor too small, the tongue stationed at the middle position, and lips unrounded. Curl the tongue tip up, and bring it to the hard palate, then, make the pronunciation. er is a special vowel that composes a syllable without combining with any other initials.

❸ 声韵拼合
Combinação inicial-final
Initial-final combinations

韵母 Finais Finals	声母 Iniciais Initials						
	z	c	s	zh	ch	sh	r
-i[ɿ]	zi	ci	si				
-i[ʅ]				zhi	chi	shi	ri

汉字知识
Conhecimentos sobre caracteres chineses
Knowledge about Chinese characters

常见汉字偏旁（一）

偏旁是从造字法的角度对汉字合体字进行分析后得到的结构单位。一般来说，汉字中的偏旁在上的称"头"，如"葡"字中的"艹"，称"草字头"；在下的称"底"，如"您"字中的"心"，称"心字底"；在左或右的称"旁"，如"你"字中的"亻"，称"单人旁"，如"都"字中的"阝"，称"双耳旁"；在外的称"框"，如"同"字中的"冂"，称"同字框"。

Radicais dos caracteres chineses frequentemente usados (1)

Os radicais são os componentes separados dos caracteres compostos chineses. De uma formal geral, encontram-se as seguintes categorias dos radicais: São designados como "cabeça" os radicais que se colocam por cima, como o 艹 (literalmente significa "cabeça de relva") do carácter 葡; são designados como "base" os radicais que se colocam por baixo, como o 心 (literalmente significa "base de coração") do carácter 您; são designados como "laterais" os radicais que se colocam à esquerda ou à direita, por exemplo, o 亻 (literalmente significa "lateral de uma pessoa") do carácter 你 e o 阝 (literalmente significa "lateral de orelhas") do carácter 都; são designados como "armação" os radicais que se colocam no exterior, como o 冂 (literalmente significa "quadro de unidade") do carácter 同.

Frequently used radicals of Chinese characters (1)

The constructional parts (not including strokes) taken from a multi-component Chinese character are known as radicals. Generally speaking, those that appear at the top of a character are known as 头 (tóu: head), such as the radical 艹 in character 葡. Radical 艹 in particular is known as the "grass head radical" in Chinese. Those at the bottom are known as 底 (dǐ: bottom), such as 心 in character 您. Radical 心 in particular is known as the "heart bottom". Those appearing at the sides are known as 旁 (páng: side), such as the radical 亻 in character 你. Radical 亻 in particular is known as the "single person radical". Radical 阝, as in 都, is known as the "double ear" radical. Those forming a frame are known as 框 (kuàng: frame), such as in the radical 冂 for character 同. Radical 冂, in this case, is known as the "togetherness radical".

以下是一些常见汉字偏旁：

Os radicais seguintes são os mais frequentemente utilizados em caracteres chineses:

The following are some frequently used radicals in Chinese：

偏旁 Radicais Radicals	名称 Nomes Names	意义 Significados dos radicais Meanings of radicals	例字 Exemplos Examples
扌	提手旁 lateral de mão Hand	多和手或手的动作有关。 Está frequentemente relacionado com a mão ou as acções manuais. Usually related to hands or actions related to hands.	护、打、授
阝	双耳旁 lateral de orelhas Double ear	双耳旁在左侧时多和山坡、地势有关，在右侧则多和城市、地区有关。 Quando se coloca à esquerda, está frequentemente relacionado com as encostas das montanhas ou as características físicas de um lugar; quando à direita, relaciona-se principalmente com as cidades ou regiões. When used on the left side, it is mainly related to the geographical or physical features of a place, such as a slope or a yard. When used on the right side, it is mainly related to cities and regions.	院、陈、陡 都、那、郭

偏旁 Radicais Radicals	名称 Nomes Names	意义 Significados dos radicais Meanings of radicals	例字 Exemplos Examples
忄	心字底 base de coração Heart bottom	多和心理活动有关，一般在字的下边。 Está muitas vezes ligado às actividades psicológicas e constitui normalmente a parte inferior de um carácter. It is mainly related to psychological activities and usually written as the lower part of a Chinese character.	意、思、您
彳	双人旁 lateral de duas pessoas Double person	多和行走有关。 Está frequentemente relacionado com o acto de andar. It is usually related to walking.	行、徒、徐
讠	言字旁 lateral de fala Word	多和说话有关。 Está frequentemente relacionado com a fala. It is usually related to talking.	说、谁、请
纟	绞丝旁 lateral de fios Twisted thread	多和丝、线有关。 Está frequentemente relacionado com seda ou fios. It is usually related to silk or thread.	结、纸、线

中华文化知识
Conhecimentos culturais chineses
Chinese cultural knowledge

十二生肖

十二生肖，又叫十二属相，是中国人用来纪年和代表人的出生年份的十二种动物。

据中国古籍记载，中国古代中原地区，最初使用的是"干支纪年法"，即用十个"天干"符号（甲、乙、丙、丁、戊、己、庚、辛、壬、癸）和十二个"地支"符号（子、丑、寅、卯、辰、巳、午、未、申、酉、戌、亥）相配合来纪年，而西北游牧民族多以动物来纪年。后来，在中原民族与游牧民族的交往中，两种纪年方法相融合，以十二个"地支"符号配合十二种动物，就形成了现在的"十二生肖"：子鼠、丑牛、寅虎、卯兔、辰龙、巳蛇、午马、未羊、申猴、酉鸡、戌狗、亥猪。

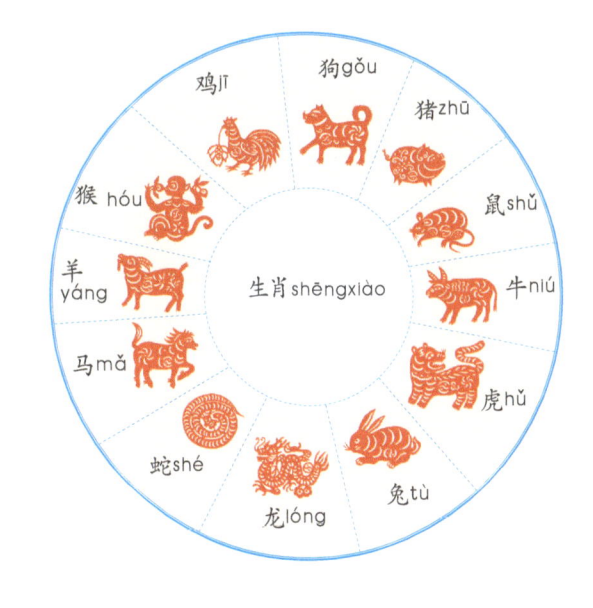

国际汉语教程（初级篇）

地支	子	丑	寅	卯	辰	巳	午	未	申	酉	戌	亥
动物	鼠	牛	虎	兔	龙	蛇	马	羊	猴	鸡	狗	猪

随着历史的发展，十二生肖逐渐成为一种民俗文化，它反映了中国人的风俗习惯、思维模式、伦理道德、价值观念和审美情趣。现在，更多中国人只是把生肖作为春节的吉祥物，成为娱乐文化活动的象征。

Horóscopo chinês

Os 12 animais do horóscopo chinês, também designados 12 signos chineses, são empregados pelo povo chinês para indicar a cronologia e o ano de nascimento.

Na região plana central da época antiga, utiliza-se primeiramente, de acordo com certos livros antigos, o sistema de "Troncos Celestes e Ramos Terrestres" para designar os anos. São 10 os símbolos que se usam no sistema de Troncos Celestes: *Jia, Yi, Bing, Ding, Wu, Ji, Geng, Xin, Ren* e *Gui*, e são 12 os símbolos no sistema de Ramos Terrestres: *Zi, Chou, Yin, Mao, Chen, Si, Wu, Wei, Shen, You, Xu* e *Hai*. Os dez Troncos Celestes e os 12 Ramos Terrestres combinam-se no registo dos anos. Já no noroeste da China, os povos nómadas preferem a utilização de animais na designação dos anos. Posteriormente, com o contacto e a fusão entre as culturas da região plana central e da região noroeste, os dois métodos combinam-se com a interligação entre 12 Ramos e 12 animais, o que deu origem aos actuais 12 signos do horóscopo chinês: *Zi/shu*(rato), *Chou/niu*(búfalo), *Yin/hu*(tigre), *Mao/tu*(coelho), *Chen/long*(dragão), *Si/she*(serpente), *Wu/ma*(cavalo), *Wei/yang*(carneiro), *Shen/hou*(macaco), *You/ji*(galo), *Xu/gou*(cão) e *Hai/zhu*(porco).

Ramos terrestres	Zi	Chou	Yin	Mao	Chen	Si	Wu	Wei	Shen	You	Xu	Hai
Animais	rato	búfalo	tigre	coelho	dragão	serpente	cavalo	carneiro	macaco	galo	cão	porco

Com o desenvolvimento da história, os 12 signos chineses têm-se tornado uma parte importante da cultura folclórica, que representará os hábitos e costumes, os modelos de pensamento, a moralidade, os valores e os sentimentos estéticos do povo chinês. Entretanto, na sociedade moderna, muitos chineses consideram os signos chineses como mascotes do Ano Novo Chinês (Festival da Primavera), os quais são transformados em símbolos de diversão e de actividades culturais.

The Chinese zodiac

The twelve animals of the Chinese zodiac are used by the Chinese people to indicate chronologies and the years when they were born.

In the ancient central plain regions of China, according to the ancient Chinese records, the system of "Heavenly Stems and Earthly Branches" was first created to designate years. Ten symbols were used for the "Heavenly Stems". They are 甲 Jiǎ, 乙 Yǐ, 丙 Bǐng, 丁 Dīng, 戊 Wù, 己 Jǐ, 庚 Gēng, 辛 Xīn, 壬 Rén, and 癸 Guǐ. For the "Earthly Branches": there are twelve symbols: 子 Zǐ, 丑 Chǒu, 寅 Yín, 卯 Mǎo, 辰 Chén, 巳 Sì, 午 Wǔ, 未 Wèi, 申 Shēn, 酉 Yǒu, 戌 Xū, and 亥 Hài. Then, these ten Heavenly Stems and twelve Earthly Branches were combined to, once again, indicate years. In the northwestern regions of China, however, the nomadic peoples mainly used animals to designate years. Later on, with the communication and fusion of the cultures between the central plain regions and the northwestern regions, these two different ways of representing years were combined through matching the twelve earthly branches with the twelve animals, resulting in what is now known as the twelve animals of the Chinese zodiac, which are Zǐ/shǔ(rat), Chǒu/niú(ox), Yín/hǔ(tiger), Mǎo/tù(rabbit), Chén/lóng(Loong), Sì/shé(snake), Wǔ/mǎ(horse), Wèi/yáng(sheep), Shēn/hóu(monkey), Yǒu/jī(rooster), Xū/gǒu(dog), and Hài/zhū(pig).

Earthly branches	Zi	Chou	Yin	Mao	Chen	Si	Wu	Wei	Shen	You	Xu	Hai
Animals	rat	ox	tiger	rabbit	Loong	snake	horse	sheep	monkey	rooster	dog	pig

With the development of history, the twelve Chinese zodiac animals have gradually become part of Chinese folk culture, reflecting customs, thinking modes, ethics, values, and esthetic sentiments of the Chinese people. However, in modern China, more and more Chinese people tend to regard the zodiac animals only as the mascots of the Chinese New Year (i.e., the Spring Festival). Therefore, these zodiac animals have been somewhat transformed into symbols of entertainment and cultural activities.

第六课　你喜欢踢足球吗？

Lição 6　Gostas de jogar futebol?

Lesson 6　Do you like playing soccer?

国际汉语教程（初级篇）

课文 / Texto / Text

你喜欢踢足球吗?
Gostas de jogar futebol?
Do you like playing soccer?

罗飞龙：马修文，下课后一起踢足球好吗？
Luó Fēilóng: Mǎ Xiūwén, xiàkè hòu yīqǐ tī zúqiú hǎo ma?

马修文：对不起，我不会踢足球。
Mǎ Xiūwén: Duìbuqǐ, wǒ bù huì tī zúqiú.

罗飞龙：你是美国人，一定喜欢打篮球吧？
Luó Fēilóng: Nǐ shì Měiguórén, yīdìng xǐhuan dǎ lánqiú ba?

马修文：那当然。我喜欢打篮球，也喜欢 NBA 的比赛。
Mǎ Xiūwén: Nà dāngrán. Wǒ xǐhuan dǎ lánqiú, yě xǐhuan NBA de bǐsài.

罗飞龙：你还喜欢什么？
Luó Fēilóng: Nǐ hái xǐhuan shénme?

马修文：我还喜欢上网。你呢？
Mǎ Xiūwén: Wǒ hái xǐhuan shàngwǎng. Nǐ ne?

罗飞龙：我也特别喜欢上网。同学们都喜欢。
Luó Fēilóng: Wǒ yě tèbié xǐhuan shàngwǎng. Tóngxuémen dōu xǐhuan.

何爱丽：听说你喜欢京剧？
Hé Àilì: Tīngshuō nǐ xǐhuan Jīngjù?

安梅兰：是的，我觉得京剧特别好听。
Ān Méilán: Shì de, wǒ juéde Jīngjù tèbié hǎotīng.

何爱丽：我不懂京剧，不过我觉得京剧的服装非常漂亮。
Hé Àilì: Wǒ bù dǒng Jīngjù, bùguò wǒ juéde Jīngjù de fúzhuāng fēicháng piàoliang.

安梅兰：京剧的脸谱也很有意思。
Ān Méilán: Jīngjù de liǎnpǔ yě hěn yǒu yìsi.

何爱丽：对。杨老师说要教我们画脸谱呢。
Hé Àilì: Duì. Yáng lǎoshī shuō yào jiāo wǒmen huà liǎnpǔ ne.

安梅兰：太好了！
Ān Méilán: Tài hǎo le!

何爱丽：你会唱京剧吗？
Hé Àilì: Nǐ huì chàng Jīngjù ma?

安梅兰：现在不会。明年我们要去北京，我打算在北京学习唱京剧。
Ān Méilán: Xiànzài bù huì. Míngnián wǒmen yào qù Běijīng, wǒ dǎsuan zài Běijīng xuéxí chàng Jīngjù.

何爱丽：我想在北京学中国画。
Hé Àilì: Wǒ xiǎng zài Běijīng xué Zhōngguóhuà.

安梅兰：好，以后我唱京剧，你画脸谱。
Ān Méilán: Hǎo, yǐhòu wǒ chàng Jīngjù, nǐ huà liǎnpǔ.

何爱丽：好主意！
Hé Àilì: Hǎo zhǔyi!

你喜歡踢足球嗎？

羅飛龍：馬修文，下課後一起踢足球好嗎？
馬修文：對不起，我不會踢足球。
羅飛龍：你是美國人，一定喜歡打籃球吧？
馬修文：那當然。我喜歡打籃球，也喜歡NBA的比賽。
羅飛龍：你還喜歡什麼？
馬修文：我還喜歡上網。你呢？
羅飛龍：我也特別喜歡上網。同學們都喜歡。

何愛麗：聽說你喜歡京劇？
安梅蘭：是的，我覺得京劇特別好聽。
何愛麗：我不懂京劇，不過我覺得京劇的服裝非常漂亮。
安梅蘭：京劇的臉譜也很有意思。
何愛麗：對。楊老師說要教我們畫臉譜呢。
安梅蘭：太好了！
何愛麗：你會唱京劇嗎？
安梅蘭：現在不會。明年我們要去北京，我打算在北京學習唱京劇。
何愛麗：我想在北京學中國畫。

国际汉语教程（初级篇）

安梅蘭：好，以後我唱京劇，你畫臉譜。
何愛麗：好主意！

生词 Vocabulário / New words

下课	下課	xiàkè	动	V	terminar as aulas	class dismissed
后	後	hòu	名	N	depois de	after
一起		yīqǐ	副	Adv	junto	together
踢		tī	动	V	jogar	to kick, to play (soccer...)
足球		zúqiú	名	N	futebol	soccer
对不起	對不起	duìbuqǐ	动	V	desculpe	excuse me, sorry
会	會	huì	情动/动	MV/V	poder; saber	can, to be able to
一定		yīdìng	副	Adv	dever	must
喜欢	喜歡	xǐhuan	动	V	gostar de	to like, to be fond of
打		dǎ	动	V	jogar	to play (basketball...)
篮球	籃球	lánqiú	名	N	basquetebol	basketball
当然	當然	dāngrán	形/副	Adj/Adv	com certeza	of course
比赛	比賽	bǐsài	名	N	jogo, concurso	contest
还	還	hái	副	Adv	mais	else
上网	上網	shàngwǎng	动	V	navegar na internet	to surf the Internet
特别		tèbié	副	Adv	particularmente	particularly
听说	聽說	tīngshuō	动	V	ouvir dizer	hear of, be told
觉得	覺得	juéde	动	V	achar	to think, to feel
好听	好聽	hǎotīng	形	Adj	melodioso	melodious, pleasant to hear
懂		dǒng	动	V	perceber, entender	to understand

不过	不過	bùguò	连	Conj	mas	but
服装	服裝	fúzhuāng	名	N	traje	costume
非常		fēicháng	副	Adv	muito	very
漂亮		piàoliang	形	Adj	belo	beautiful
脸谱	臉譜	liǎnpǔ	名	N	maquilhagem	facial make-up
说	説	shuō	动	V	dizer	to say, to speak
要		yào	情动	MV	querer, pretender	will, to want
画	畫	huà	动	V	pintar	to paint
太……了		tài...le			que...!	extremely
唱		chàng	动	V	cantar	to sing
现在	現在	xiànzài	名	N	agora, neste momento	now, at present
明年		míngnián	名	N	próximo ano	next year
去		qù	动	V	ir	to go
主意		zhǔyi	名	N	ideia	idea, thought

专有名词 — Nomes próprios / Proper nouns

京剧	京劇	Ópera de Beijing	Beijing Opera
中国画	中國畫	pintura chinesa	Chinese painting

注释 — Notas / Notes

中国画

中国画简称"国画",具有悠久历史和优良传统的中国绘画。使用的工具、材料为毛笔、墨砚、颜料、宣纸和绢布。可分为人物、山水、花卉、禽鸟、走兽、虫鱼等画科,其技法形式包括工笔、写意、水墨等,在世界美术领域中自成独特体系。

Pintura chinesa

A pintura chinesa, abreviada por *guohua* (pintura nacional), conta com uma longa história e uma nobre tradição. Os instrumentos e materiais utilizados na pintura chinesa incluem pincéis, tintas, colorantes, papéis de arroz e panos de seda. O tema da pintura também varia, podendo ser por exemplo, pessoas, paisagens, flores, pássaros, animais, insectos e peixes. Em relação às técnicas, dividem-se em *gongbi* (pintura do estilo detalhado, com base numa paleta limitada), *xieyi* (pintura do estilo extravagante e interpretativo) e *shuimo* (pintura com tinta negra chinesa). A pintura chinesa desenvolveu o seu próprio estilo único na pintura de todo o mundo.

Chinese paintings

Chinese paintings, shortened as *guohua* (national painting), have a long history and tradition of excellence. The tools and materials used for Chinese paintings include brushes, ink, ink-slabs, paint, rice paper and silk cloth. Chinese paintings can be classified into different categories such as people, landscapes, flowers, birds, beasts, insects and fish. Different techniques include painting with meticulous details, impressionistic painting, and ink-and-water painting. Chinese painting has formed a unique style in the realm of painting in the world.

词句解释 — Notas explicativas sobre frases / Explanatory notes on phrases and sentences

1 那当然。

表示对上文所述内容的确认或肯定，常用在对答句中。如：

A：你喜欢中国画吗？
B：那当然！

Com certeza.

那当然 (nà dāngrán: certamente/claro/sem dúvida) é uma expressão utilizada para dar uma resposta afirmativa em relação a certo acto. Por exemplo:

A：你喜欢中国画吗？
B：那当然！

Certainly.

那当然 (nà dāngrán: certainly) is usually used as an affirmative response to a question or a situation being discussed. For example:

A：你喜欢中国画吗？

B：那当然！

❷ 太好了！

在这里，"太……了"表示程度非常高，常用来表达感叹。"太"的意思是"非常、很、这么"，"了"则表示已经或即将达到一定的限度。含有本结构的句子常含感叹或者出乎预料之意。例如：

京剧太有意思了！

脸谱太漂亮了！

我太高兴了！

Que bom!

太……了 (tài...le: que...) é expressão exclamativa para expressar um grau muito elevado. O advérbio 太 (tài) significa muito, bastante ou tão/tanto. A partícula 了 (le) emprega-se para indicar um limite atingido ou a atingir. A estrutura 太……了 implica exclamação ou surpresa. Por exemplo:

京剧太有意思了！

脸谱太漂亮了！

我太高兴了！

This is wonderful!

The 太……了 (tài...le: so...) structure in Chinese indicates a high degree of the development of a state, where 太 (tài) means "very/too/so" and 了 (le) indicates a certain degree of excessiveness that has just been or is about to be reached. Therefore, a sentence with this structure often implies an exclamation or unexpectedness. For example:

京剧太有意思了！

脸谱太漂亮了！

我太高兴了！

国际汉语教程（初级篇）

语法　Gramática / Grammar

❶ 情态动词"会"（一）

　　情态动词是动词的一种，常用在动词前表示能力、可能或意愿。带有情态动词的句子结构是：主语＋情态动词＋动词（＋其他）。在表示能力时，"会"强调的是通过学习可以获得的能力。例如：

　　我会踢足球。

　　他会说汉语。

　　表示否定的形式是：主语＋"不"＋情态动词＋动词（＋其他）。例如：

　　我不会踢足球。

　　他不会说汉语。

　　对带有情态动词的语句，简短回答时可以只用情态动词。例如：

　　A：你会踢足球吗？

　　B：会。

　　A：他会不会踢足球？

　　B：不会。

　　"会"有时可以做一般动词使用，构成的句子结构与一般动词构成的句子结构相同，即：主语＋"会"＋宾语。例如：

　　刘老师会葡萄牙语。

　　我不会电脑。

　　你会不会汉语？

　　试比较：

　　他会汉语。（动词）

　　他会说汉语。（情态动词）

Verbo modal 会 (1)

Verbos modais são um tipo de verbos que se colocam normalmente à esquerda dos verbos principais para indicar a capacidade, a possibilidade ou a vontade. A estrutura de frases com verbos modais é Sujeito+Verbo modal+Verbo (+Objecto).

Quando significa certa capacidade, o verbo 会 (huì: saber) enfatiza as capacidades que se adquirem com o processo de aprendizagem. Por exemplo:

　　我会踢足球。

　　他会说汉语。

A sua forma negativa é Sujeito+不 (bù)+Verbo modal+Verbo (+Objecto). Por exemplo:

我不会踢足球。

他不会说汉语。

Em relação a perguntas compostas por verbos modais, a resposta abreviada poderá ser formulada apenas com verbos modais. Por exemplo:

A：你会踢足球吗？

B：会。

A：他会不会踢足球？

B：不会。

O verbo 会 poderá ser empregue como verbo normal, a sua estrutura é igual à de outro verbo normal, que é Sujeito+ 会 +Objecto. Por exemplo:

刘老师会葡萄牙语。

我不会电脑。

你会不会汉语？

Compare:

他会汉语。（Verbo）

他会说汉语。（Verbo modal）

The modal verb 会 (1)

Modal verbs are a type of verbs often used before another verb to indicate ability, possibility or willingness. The structure of a sentence with a modal verb is: Subject+Modal verb+Verb+(Others).

With regard to ability, what 会 (huì) emphasizes is on the ability that can be acquired through learning. For example:

我会踢足球。

他会说汉语。

The negative form of a sentence with a modal verb is: Subject+不 (bù)+Modal verb+Verb+(Others). For example:

我不会踢足球。

他不会说汉语。

To respond to a question with a modal verb, only the modal verb is needed for a short answer. For example:

A：你会踢足球吗？

B：会。

A：他会不会踢足球？

B：不会。

会 may sometimes be used as a main verb. In this case, the sentence structure is similar to that of a main verb, namely, Subject+ 会 +Object. For example:

刘老师会葡萄牙语。

我不会电脑。

你会不会汉语？

Compare:

他会汉语。（Verb）

他会说汉语。（Modal verb）

❷ 程度副词（"很"、"非常"、"特别"）

放在形容词和某些动词的前面，表示程度的副词叫程度副词。"很"、"非常"和"特别"表示程度很高。用在句子中的形式是：主语 + "很 / 非常 / 特别" + 形容词（或某些动词）。例如：

中国历史很有意思。

同学们非常高兴。

他特别喜欢京剧。

Advérbios de grau 很, 非常 e 特别

Os advérbios de quantidade e grau colocam-se à esquerda de certos adjectivos e verbos para indicar o grau. Os advérbios 很 (hěn: muito) e 非常 (fēicháng: especial) e 特别 (tèbié: particularmente) são empregues para indicar um grau elevado. A estrutura de frases com advérbios é Sujeito+ 很 / 非常 / 特别 + Adjectivo (ou verbo). Por exemplo:

中国历史很有意思。

同学们非常高兴。

他特别喜欢京剧。

Adverbs of degree 很, 非常 and 特别

Adverbs of degree are used before an adjective or a verb to indicate the intensity of a situation. For example, 很 (hěn), 非常 (fēicháng) and 特别 (tèbié) are such adverbs that indicate a very high intensity. The syntactic structure in which such adverbs are used is: Subject+很+Adjective (or Verb). For example:

中国历史很有意思。

同学们非常高兴。

他特别喜欢京剧。

❸ 情态动词"要"（一）

情态动词"要"用在动词前表示按照意愿或者计划将做某事，例如：

明年我们要去北京学习。

我要去看比赛。

哥哥毕业以后要当老师。

Verbo modal 要 (1)

O verbo modal 要 (yào: querer) é utilizado à esquerda de um verbo para expressar uma intenção ou um plano. Por exemplo:

明年我们要去北京学习。

我要去看比赛。

哥哥毕业以后要当老师。

The modal verb 要 (1)

When used before a verb, the modal verb 要 (yào: will) indicates the intention or plan to do something. For example:

明年我们要去北京学习。

我要去看比赛。

哥哥毕业以后要当老师。

❹ 语气助词"吧"构成的疑问句

用"吧"的一般疑问句，表示对某一个事实做出揣测，一般用来弱化自己前面做出的判断，并寻求对方的确认。例如：

你是葡萄牙人吧？

他也喜欢看篮球比赛吧？

Interrogativa com partícula 吧

Trata-se de uma interrogativa terminada com a partícula 吧 (ba), que serve para fazer uma afirmação não muito segura. Funciona esta partícula para expressar certa dúvida sobre a afirmação, pedindo ao mesmo tempo a confirmação do interlocutor com quem se fala. Por exemplo:

你是葡萄牙人吧？

他也喜欢看篮球比赛吧？

国际汉语教程（初级篇）

Interrogative sentences with 吧

This is a general question ending with 吧 (ba), which is used to make a presumption. Such a sentence is generally used to weaken the judgment made by the speaker, who seeks confirmation from the other party in a conversation. For example:

你是葡萄牙人吧?

他也喜欢看篮球比赛吧?

语音知识　Fonética　Phonetic knowledge

❶ 声母小结

		双唇音 Bilabial Bilabial	唇齿音 Labiodental Labiodental	齿龈音 （舌尖前音） Alveolar Alveolar	卷舌音 （舌尖后音） Retroflexa Retroflex	硬腭音 （舌面音） Palatal Palatal	软腭音 （舌根音） Velar Velar
塞音 Oclusiva Plosive	不送气 Não aspiração Unaspirated	b[p]		d[t]			g[k]
	送气 Aspiração Aspirated	p[pʰ]		t[tʰ]			k[kʰ]
鼻音　Nasal　Nasal		m[m]		n[n]			
塞擦音 Africada Affricate	不送气 Não aspiração Unaspirated			z[ts]	zh[tʂ]	j[tɕ]	
	送气 Aspiração Aspirated			c[tsʰ]	ch[tʂʰ]	q[tɕʰ]	
擦音 Fricativa Fricative	清音 Surda Voiceless		f[f]	s[s]	sh[ʂ]	x[ɕ]	h[x]
	浊音 Sonora Voiced				r[ʐ]		
边音　Lateral　Lateral				l[l]			

第六课

　　一般来说，葡萄牙语母语者比较容易正确念出声母，但也可能在某些发音上不够准确。在发音部位和发音方法上需要注意的有：

　　b 和 p：不送气和送气的差别

　　d 和 t：不送气和送气的差别

　　g 和 k：不送气和送气的差别

　　z、c、s 和 zh、ch、sh：舌尖位置的差别，z、c、s 舌尖在靠近牙齿的位置，zh、ch、sh 舌尖上卷，在靠近硬腭的位置。

　　l 和 r：舌尖位置的差别，l 发音时舌尖抵住上齿龈，r 发音时舌尖上卷，靠近硬腭前部。

　　z、c、s 和 j、q、x：舌尖前和舌面的差别，z、c、s 把舌尖抬起，j、q、x 把舌面抬起。

　　零声母音节：零声母音节，如 ài、ān，在发音时，之前不可加 [h] 音。母语为葡语者要特别注意。

Sumário de iniciais

Geralmente, os falantes nativos de português têm facilidade em pronunciar as iniciais. No entanto, a pronunciação poderá não ser muito correcta. A atenção deverá ser dada às posições e modos de articulação.

b e p: a diferença entre não aspiração e aspiração

d e t: a diferença entre não aspiração e aspiração

g e k: a diferença entre não aspiração e aspiração

z, c, s e zh, ch, sh: A diferença na colocação da ponta da língua — ao pronunciar z, c e s, a ponta da língua encontra-se próxima dos dentes superiores; ao pronunciar zh, ch e sh, a ponta da língua encontra-se enrolada e próxima do palato duro.

l e r: A diferença da posição de articulação — ao pronunciar l, a ponta da língua toca o céu da boca junto aos dentes superiores; ao pronunciar r, a ponta da língua encontra-se enrolada e próxima do palato duro.

z, c, s e j, q, x: A diferença entre o levantamento da ponta da língua e o da parte anterior da língua — ao pronunciar z, c e s, levanta-se a ponta da língua; ao pronunciar j, q e x, levanta-se a parte anterior da língua.

"Inicial-zero": A inicial [h] não poderá ser colocada antes da "inicial-zero". Por exemplo, na pronunciação de ài or ān. Os falantes nativos de língua portuguesa devem prestar especial atenção a esta situação.

Summary of initials

Generally speaking, it is quite easy for native speakers of Portuguese to pronounce the initials in

Chinese, though sometimes inaccurately. Nevertheless, attention must be paid to the places and manners of articulation.

b and p: unaspirated vs. aspirated

d and t: unaspirated vs. aspirated

g and k: unaspirated vs. aspirated

z, c, s, and zh, ch, sh: With regard to the pronunciations of z, c, s and zh, ch, sh, the difference is where the tip of the tongue should be placed. When z, c, s are pronounced, the tip of the tongue should be close to the front upper teeth. When zh, ch, sh are pronounced, the tip of the tongue should be brought close to the front tooth ridge.

l and r: The difference between l and r is basically where you place your tongue tip. When pronouncing l, your tongue tip should touch the upper teeth. In comparison, when r is pronounced, the tongue tip should curl up a little, close to the tooth ridge.

z, c, s, and j, q, x: With regard to the pronunciations of z, c, s vs. j, q, x, the difference is where the tip of the tongue and the front part of tongue should be placed. When pronouncing z, c, s, you should raise the tip of the tongue. When you pronounce j, q, x, the front part of the tongue should be raised.

How to pronounce a zero-initial syllable: When a zero-initial syllable, such as ài or ān, is pronounced, no [h] should be added, which is of particular importance for Portuguese native speakers.

❷ 拼写规则（一）：以 i、u、ü 开头的音节的拼写规则

　　i 在音节的开头，i 写成 y，如 ia 写成 ya。i 单独作为一个音节，则写成 yi，即 i 写成 yi。

　　u 在音节的开头，u 写成 w，如 ua 写成 wa。u 单独作为一个音节，则写成 wu，即 u 写成 wu。

　　ü 在音节的开头或单独作为一个音节，前面均加上 y 并省略上面的两点。如 ü 写成 yu，üan 写成 yuan。

Regras de soletração (1): sílabas iniciadas com i, u e ü

Quando aparece no início de uma sílaba, a final i deve-se escrever como y. Por exemplo, ia é escrito como ya. Quando constitui uma sílaba independente, a final i escreve-se como yi, como por exemplo, i é escrito como yi.

Quando aparece no início de uma sílaba, a final u deve-se escrever como w, por exemplo, ua é escrito como wa. Quando constitui uma sílaba independente, a final u escreve-se como wu, por exemplo, u é escrito como wu.

Tanto aparece no início de uma sílaba quanto constitui uma sílaba independente, acrescenta-se à esquerda da final ü sempre a y sendo apagados ao mesmo tempo o trema que leva, por exemplo, ü é escrito como yu e üɑn como yuɑn.

Spelling rules (1): syllables beginning with i, u, and ü

When at the beginning of a syllable, i should be written as y, as in iɑ which should be written as yɑ. As an independent syllable, i should be written as yi. Namely, i is written as yi.

When at the beginning of a syllable, u should be spelt as w. For example, uɑ is spelt as wɑ. As a separate syllable, u should be spelt as wu. Namely, u is spelt as wu.

When at the beginning of a syllable or as a separate syllable, y should be added before ü with the two dots above it removed. For example ü is written as yu and üɑn as yuɑn.

汉字知识
Conhecimentos sobre caracteres chineses
Knowledge about Chinese characters

常见汉字偏旁（二）
Radicais dos caracteres chineses frequentemente usados (2)
Frequently used radicals of Chinese characters (2)

偏旁 Radicais Radicals	名称 Nomes Names	意义 Significados dos radicais Meanings of radicals	例字 Exemplos Examples
氵	三点水 Lateral de três gotas de água Three drops of water	多与水、江河湖海有关。 Relacionado normalmente com água, rios e lagos. Usually related to water, rivers, lakes and seas.	游、泳、汉
足	足字旁 Lateral de pé Foot	多和脚的动作有关。 Relacionados normalmente com acções feitas com o pé. Usually related to actions by feet.	踢、跑、跟
辶	走之 Lateral de andança Walking	多和行走的意思有关，在字的左下方。 Relacionado normalmente com a caminhada. Colocado à esquerda. Usually related to walking. Often written at the lower left side of a character.	远、还、过

你喜欢踢足球吗？ Gostas de jogar futebol? Do you like playing soccer?

· 107 ·

国际汉语教程（初级篇）

偏旁 Radicais Radicals	名称 Nomes Names	意义 Significados dos radicais Meanings of radicals	例字 Exemplos Examples
亻	单人旁 Lateral de uma pessoa Single person	多和人有关。 Relacionado normalmente com a pessoa. Usually related to people.	你、他、们
日	日字旁 Lateral de sol Sun	多和太阳、时间有关。 Relacionado normalmente com o sol e o tempo. Usually related to the sun and time.	时、晚、春
女	女字旁 Lateral de mulher Female	多和女性有关。 Relacionado normalmente com a mulher. Usually related to females.	她、姐、妹

中华文化知识
Conhecimentos culturais chineses
Chinese cultural knowledge

京剧和地方戏

中国的戏曲有着悠久的历史，是一种独特的、以歌舞演故事的戏剧形式，其艺术表现手段是"唱、念、做、打"。"唱"指歌唱，"念"指具有音乐性的念白，"做"指舞蹈化的形体动作，"打"指武打和翻跌的技艺。由于中国地域辽阔，方言各异，各地形成了具有各自特色的地方戏，如京剧、豫剧、越剧、黄梅戏、评剧、粤剧等，总数有300多种，其中，京剧具有全国性影响，是中国戏曲的代表。

清代中期，南方的徽剧进入北京，吸收和融合汉调、昆曲、秦腔等地方戏，形成了京剧。京剧形成后在清朝宫廷内发展迅速，至民国时期空前繁荣，呈现出名角辈出、流派纷呈、遍及全国的鼎盛局面，并在海外产生了广泛的影响。2010年京剧被联合国教科文组织列入《人类非物质文化遗产代表作名录》。

京剧是具有浓郁中国特色的戏曲艺术。它的腔调以西皮、二黄为主，用胡琴和锣鼓等伴奏。表演手法上更趋于虚实结合的方式，最大限度地超脱了舞台空间和时间的限制。角色分生（男性正面角色）、旦（女性正面角色）、净（花脸，性格、品貌特异的男性）、丑（喜剧角色）四种类型，叫作四种"行当"。各个行当都有一套表演程式，在唱念做打的技艺上各具特色。表演上要求精致细腻，处处入戏；唱腔上要求悠扬委婉，声情并茂；武戏则不以火爆勇猛取胜，而以"武戏文唱"见佳。净角的脸谱绚丽多变，更成为中国传统艺术瑰宝的象征符号。

Ópera de Beijing e outras óperas locais

A ópera chinesa tradicional tem uma longa história. É uma forma popular de drama e teatro musical que combina música, actuação vocal, mímica, dança e acrobacia. O vasto território e a existência de múltiplos dialectos contribuíram para a formação de mais de 300 óperas locais com características distintas, como, a Ópera de Beijing, a Ópera Yu, a Ópera Yue, a Ópera Huangmei, a Ópera Pingju, entre as quais se destaca a Ópera de Beijing, que é a mais influente e típica.

Em meados da Dinastia Qing (1636–1911), a Ópera de Anhui no sul foi introduzida em Beijing, absorvendo e incorporando outras óperas locais como, Handiao, Kunqu e Qinqiang. Assim nasceu a Ópera de Beijing, que se desenvolveu rapidamente na corte real da Dinastia Qing e começou a tornar-se muito popular durante o período da República da China (1912–1949), altura em que se encontravam muitas figuras notáveis e escolas bem desenvolvidas por todo o país, desfrutando de uma grande reputação no estrangeiro. Em 2010, a Ópera de Beijing é classificada pela UNESCO como Património Imaterial da Humanidade.

A Ópera de Beijing, forma teatral da arte carregada de uma forte presença de características típicas chinesas, é baseada em duas categorias de música chamadas respectivamente Xipi e Erhuang, acompanhadas por Urheen, gongo e tambor. As técnicas de actuação tendem a combinar a ficção com a realidade e tentam libertar-se, o máximo possível, dos limites temporais e espaciais do palco. Encontram-se quatro grandes categorias de papéis na Ópera de Beijing: *Sheng* (papel masculino positivo), *Dan* (papel feminino positivo), *Jing* (papel masculino com a cara pintada e personalidade característica) e *Chou* (papel de palhaço masculino). Cada um dos papéis contém certos procedimentos na actuação, com características distintas nas técnicas de canto, narração, actuação e acrobacia. As actuações devem ser feitas com dedicação e subtileza, os cantos, com melodia e paixão, e os combates acrobáticos, preferencialmente, com gentileza em vez de ferocidade. A cara pintada do papel Jing constitui um símbolo significativo da cultura tradicional chinesa pela sua variação, o seu brilho e o seu cromatismo.

Beijing Opera and other local operas in China

Traditional Chinese opera has a long history. This unique theatric performing form stages story plots through singing and dancing. Included in its artistic performing techniques are singing, lines reading with a musical effect, choreographed postures, and martial arts. The vast territory and different dialects of China have helped to cultivate over three hundred types of local operas, each with its own distinctive features, such as Beijing Opera, Yu (Henan) Opera, Yue Opera, Huangmei Opera, Pingju Opera, and Cantonese Opera. Among others, Beijing Opera has been the most influential and most typical of traditional Chinese operas.

In the middle of the Qing Dynasty (1636–1911), Anhui Opera in the south was brought to Beijing. After having absorbed and incorporated features from other local operas, such as *Handiao*, *Kunqu* and *Qinqiang*, it became Beijing Opera. Soon, it gained fast development in the imperial court of the Qing Dynasty and witnessed its unprecedented popularity during the Republic of China era (1912–1949). Many famous actors and actresses as well as schools with distinctive features emerged, and generated worldwide influences. In 2010, Beijing Opera was listed by UNESCO as "an intangible cultural heritage".

Beijing Opera is a theatrical form with strong Chinese flavor. Its singing tunes are based on two types of melodies known as *Xipi* and *Erhuang*, accompanied by *huqin* (a two-stringed violin), gongs and drums. In terms of the performing techniques on the stage, the audience can enjoy a combination of realism and surrealism, which to the greatest possible extent breaks the temporal and spatial confinement of a stage. The roles in Beijing Opera are divided into four major categories: *Sheng* (a positive male role), *Dan* (a positive female role), *Jing* (a male role with a painted-face) and *Chou* (a clown, a comic role with a painted face). Each role has a set of performance procedures distinctively characterized by techniques of singing, speaking, posturing and martial arts. While the acting of each role is expected to be delicate and subtle so that stories can be vividly depicted, the singing must be melodious and passionate. With regard to martial arts, fighting is supposed to attract the audience not through fierceness, but with touches of gentleness. With its variety, brightness and colorfulness, the facial painting of *Jing* has already become a symbol of this traditional Chinese art.

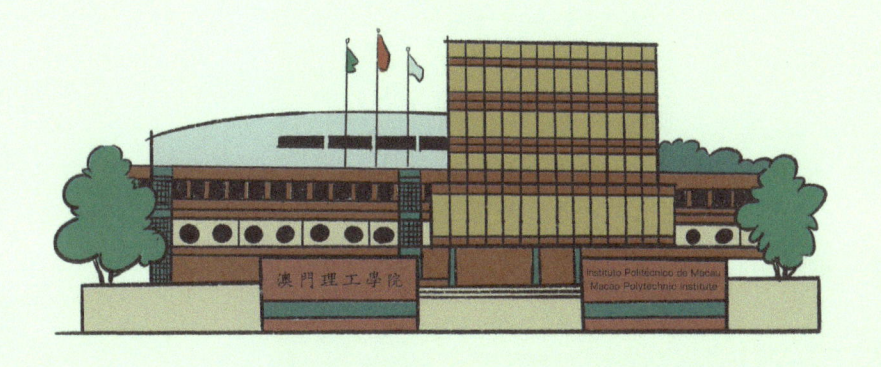

第七课　下周六是几号？

Lição 7　Quantos são no Sábado da próxima semana?

Lesson 7　What is the date of next Saturday?

国际汉语教程（初级篇）

课文 Texto / Text

下周六是几号？
Quantos são no Sábado da próxima semana?
What is the date of next Saturday?

马修文：我打算下周六去参观澳门博物馆，你去吗？
Mǎ Xiūwén: Wǒ dǎsuan xiàzhōuliù qù cānguān Àomén Bówùguǎn, nǐ qù ma?

何爱丽：下周六是几号？
Hé Àilì: Xiàzhōuliù shì jǐ hào?

马修文：十二月四号。
Mǎ Xiūwén: Shí'èryuè sì hào.

何爱丽：没问题。我们几点出发？
Hé Àilì: Méi wèntí. Wǒmen jǐ diǎn chūfā?

马修文：十一点行吗？我在学校大门口等你。
Mǎ Xiūwén: Shíyī diǎn xíng ma? Wǒ zài xuéxiào dàménkǒu děng nǐ.

何爱丽：行。下个月七号，我想去看中国画展览，你去吗？
Hé Àilì: Xíng. Xiàgèyuè qī hào, wǒ xiǎng qù kàn Zhōngguóhuà zhǎnlǎn, nǐ qù ma?

马修文：下个月七号星期几？
Mǎ Xiūwén: Xiàgèyuè qī hào xīngqījǐ?

何爱丽：星期五。
Hé Àilì: Xīngqīwǔ.

马修文：那天下午我没有课，我们可以一起去。
Mǎ Xiūwén: Nà tiān xiàwǔ wǒ méiyǒu kè, wǒmen kěyǐ yìqǐ qù.

安梅兰：你早上一般几点起床？
Ān Méilán: Nǐ zǎoshang yìbān jǐ diǎn qǐchuáng?

罗飞龙：上午九点上课，我一般七点半起床。
Luó Fēilóng: Shàngwǔ jiǔ diǎn shàngkè, wǒ yìbān qī diǎn bàn qǐchuáng.

安梅兰：周末呢？
Ān Méilán: Zhōumò ne?

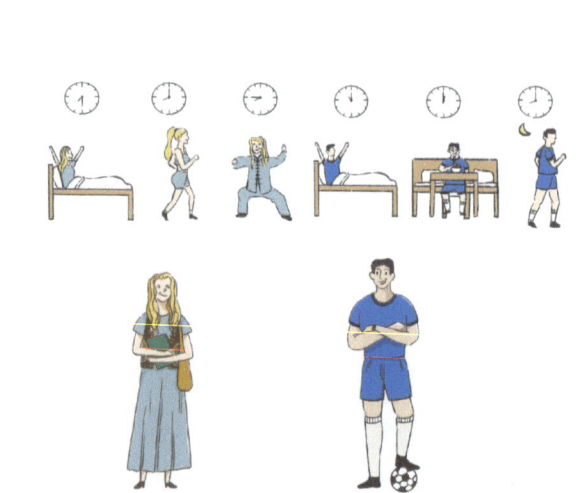

· 114 ·

罗飞龙：周末一般十一点起床。你呢？
Luó Fēilóng: Zhōumò yībān shíyī diǎn qǐchuáng. Nǐ ne?

安梅兰：我周末七点半起床。
Ān Méilán: Wǒ zhōumò qī diǎn bàn qǐchuáng.

罗飞龙：真早啊！
Luó Fēilóng: Zhēn zǎo a!

安梅兰：是啊，八点跑步，八点三刻打太极拳。你喜欢运动吗？
Ān Méilán: Shì a, bā diǎn pǎobù, bā diǎn sān kè dǎ tàijíquán. Nǐ xǐhuan yùndòng ma?

罗飞龙：喜欢，我一般晚上跑步。
Luó Fēilóng: Xǐhuan, wǒ yībān wǎnshang pǎobù.

安梅兰：对了，我两点上课，现在几点了？
Ān Méilán: Duìle, wǒ liǎng diǎn shàngkè, xiànzài jǐ diǎn le?

罗飞龙：差十分两点。
Luó Fēilóng: Chà shí fēn liǎng diǎn.

安梅兰：我去上课了。再见！
Ān Méilán: Wǒ qù shàngkè le. Zàijiàn!

罗飞龙：明天见！
Luó Fēilóng: Míngtiān jiàn!

下周六是幾號？

馬修文：我打算下周六去參觀澳門博物館，你去嗎？
何愛麗：下周六是幾號？
馬修文：十二月四號。
何愛麗：沒問題。我們幾點出發？
馬修文：十一點行嗎？我在學校大門口等你。
何愛麗：行。下個月七號，我想去看中國畫展覽，你去嗎？
馬修文：下個月七號星期幾？
何愛麗：星期五。
馬修文：那天下午我沒有課，我們可以一起去。

安梅蘭：你早上一般幾點起床？
羅飛龍：上午九點上課，我一般七點半起床。

国际汉语教程（初级篇）

安梅蘭：周末呢？
羅飛龍：周末一般十一點起床。你呢？
安梅蘭：我周末七點半起床。
羅飛龍：真早啊！
安梅蘭：是啊，八點跑步，八點三刻打太極拳。你喜歡運動嗎？
羅飛龍：喜歡，我一般晚上跑步。
安梅蘭：對了，我兩點上課，現在幾點了？
羅飛龍：差十分兩點。
安梅蘭：我去上課了。再見！
羅飛龍：明天見！

生词 / Vocabulário / New words

下		xià	名	N	próximo	next
周六		Zhōuliù	名	N	sábado	Saturday
参观	參觀	cānguān	动	V	visitar	to visit
博物馆	博物館	bówùguǎn	名	N	museu	museum
号	號	hào	名	N	data, dia do mês	date, day of a month
十二月		Shí'èryuè	名	N	Dezembro	December
没问题	沒問題	méi wèntí			não há problema	sure, no problem
点	點	diǎn	量	M	hora	o'clock
出发	出發	chūfā	动	V	partir	to depart, to start off
行		xíng	动	V	está bem	ok, fine
学校	學校	xuéxiào	名	N	escola, universidade	school, university
大门口	大門口	dàménkǒu	名	N	portão	main gate
等		děng	动	V	esperar	to wait
下个月	下個月	xiàgèyuè			próximo mês	next month
展览	展覽	zhǎnlǎn	名	N	exposição, feira	exhibition
星期		xīngqī	名	N	semana, dia da semana	week, week day

天		tiān	名	N	dia	day
下午		xiàwǔ	名	N	tarde, à tarde	afternoon
可以		kěyǐ	情动	MV	poder	may, can
一般		yībān	副	Adv	geralmente	generally
起床		qǐchuáng	动	V	levantar-se	to get up
上午		shàngwǔ	名	N	manhã	morning
半		bàn	名	N	meia (hora)	half
周末		zhōumò	名	N	fim-de-semana	weekend
早		zǎo	形	Adj	cedo	early
啊		a	语助	MdPt	*partícula modal*	*modal particle*
跑步		pǎobù	动	V	correr	to run, to jog
刻		kè	量	M	um quarto de hora	quarter
太极拳	太極拳	tàijíquán	名	N	*taiji*	*taiji*
运动	運動	yùndòng	动	V	exercício físico	to exercise, to work out
晚上		wǎnshang	名	N	noite	evening, night
对了	對了	duìle	动	V	a propósito	by the way
两	兩	liǎng	数	Nu	dois, duas	two
了		le	动助	AsPt	Partícula aspectual	Aspect particle
差		chà	动	V	faltar	to be short of
分		fēn	量	M	minutos	minute
再见	再見	zàijiàn	动	V	adeus	goodbye
明天		míngtiān	名	N	amanhã	tomorrow
见	見	jiàn	动	V	ver, ver-se	to see

词句解释   Notas explicativas sobre frases / Explanatory notes on phrases and sentences

❶ 下周六去参观澳门博物馆。

"去"和"参观"两个词均为动词，在本课中，两个动词或动词性短语出现在同一个句子里，表示连续发生的动作。其结构形式为：主语＋动词₁＋（宾语₁）＋动词₂＋（宾语₂)。

这两个动词结构之间存在先后次序关系，一般来说动词₁表示动词₂的先行条件或者伴随状态等，动词₂表示动词₁的目的或结果。因此，动词₁和动词₂不能互换位置。例如：

星期六去澳门博物馆看中国画展览。

我们九月去北京学汉语。

Vou visitar o Museu de Macau no próximo sábado.
Tanto 去 (qù: ir) como 参观 (cānguān: visitar) são verbos. Nesse caso, a utilização sucessiva de dois verbos indica acções em sequência. A sua estrutura é como a seguinte: Sujeito+ Verbo₁+(Objecto₁)+Verbo₂+(Objecto₂).

A ordem dos verbos não pode ser alterada; o Verbo₁ serve de condição prévia ou pré-requisito que acompanha o Verbo₂, enquanto o Verbo₂ constitui o objectivo ou o resultado do Verbo₁. Por exemplo:

星期六去澳门博物馆看中国画展览。

我们九月去北京学汉语。

I am going to visit Macao Museum next Saturday.
Both 去 (qù: go) and 参观 (cānguān: visit) are verbs. In this lesson, two verbs are seen to appear at the same time in one sentence, indicating a series of actions. Generally speaking, Verb₁ provides the precondition or accompanying condition for Verb₂, which usually indicates the purpose or result of Verb₁. Therefore, the positions of Verb₁ and Verb₂ cannot be exchanged. The structure of such a sentence is: Subject+Verb₁+(Object₁)+Verb₂+(Object₂).

The sequential order of Verb₁ and Verb₂ can not be changed. For example:

星期六去澳门博物馆看中国画展览。

我们九月去北京学汉语。

❷ 我们可以一起去。

情态动词"可以"在这里表示环境或情理上的许可。例如：

现在可以下课了。

在学校可以上网。

Podemos ir juntos.
O verbo modal 可以 (kěyǐ: poder) exprime a permissão, tendo em conta uma situação favorável ou senso comum. Por exemplo:

现在可以下课了。

在学校可以上网。

We can go together.

The modal verb 可以 (kěyǐ: can) here indicates permission allowed by situation or by reason. For example:

现在可以下课了。

在学校可以上网。

语法 Gramática / Grammar

1 年、月、日的表达

汉语中年、月、日的顺序是"年+月+日"。例如：

一九九九年十二月二十日

年份的读法是直接读出每个数字。例如：

二〇一六年	èr líng yī liù nián
二〇〇〇年	èr líng líng líng nián
一九九八年	yī jiǔ jiǔ bā nián

十二个月的名称是数字一到十二加上"月"字。如：

一月 Yīyuè	二月 Èryuè	三月 Sānyuè	四月 Sìyuè
五月 Wǔyuè	六月 Liùyuè	七月 Qīyuè	八月 Bāyuè
九月 Jiǔyuè	十月 Shíyuè	十一月 Shíyīyuè	十二月 Shí'èryuè

日的名称是数字一到三十一加上"号"（口语）或"日"（书面语）。例如：

（四月）二十五号	（Sìyuè) èrshíwǔ hào
（五月）九号	（Wǔyuè) jiǔ hào
（十月）五日	（Shíyuè) wǔ rì
（十一月）十七日	（Shíyīyuè) shíqī rì

Expressão dos anos, meses e dias

Em chinês, a ordem prototípica de expressão de data é o ano, o mês e o dia. Por exemplo:

下周六是几号？ Quantos são no Sábado da próxima semana? What is the date of next Saturday?

国际汉语教程（初级篇）

　　一九九九年十二月二十日

A leitura do ano consiste em leitura dos dígitos. Por exemplo:

　　二〇一六年　　　èr líng yī liù nián

　　二〇〇〇年　　　èr líng líng líng nián

　　一九九八年　　　yī jiǔ jiǔ bā nián

Os nomes dos 12 meses são formados com a junção dos números cardinais ao carácter 月 (yuè: mês). Por exemplo:

一月	Yīyuè	Janeiro
二月	Èryuè	Fevereiro
三月	Sānyuè	Março
四月	Sìyuè	Abril
五月	Wǔyuè	Maio
六月	Liùyuè	Junho
七月	Qīyuè	Julho
八月	Bāyuè	Agosto
九月	Jiǔyuè	Setembro
十月	Shíyuè	Outubro
十一月	Shíyīyuè	Novembro
十二月	Shí'èryuè	Dezembro

Os nomes das datas são formados com a junção dos números cardinais (de 1 a 31) a 号 (hào: dia) linguagem coloquial ou 日 (rì: dia) linguagem escrita. Por exemplo:

（四月）二十五号	(Sìyuè) èrshíwǔ hào	25 (de Abril)
（五月）九号	(Wǔyuè) jiǔ hào	9 (de Maio)
（十月）五日	(Shíyuè) wǔ rì	5 (de Outubro)
（十一月）十七日	(Shíyīyuè) shíqī rì	17 (de Novembro)

Expression of the dates

In Chinese, the order in which the date is expressed is year, month and day. For example:

　　一九九九年十二月二十日

To indicate the numerical order of a year, simply add numbers to the Chinese character 年 (nián: year) and read each number out one by one. For example:

二〇一六年　　èr líng yī liù nián
二〇〇〇年　　èr líng líng líng nián
一九九八年　　yī jiǔ jiǔ bā nián

The names of the 12 months in a year are formed by adding the cardinal numbers (1 to 12) to 月 (yuè: month). For example:

一月	Yīyuè	January
二月	Èryuè	February
三月	Sānyuè	March
四月	Sìyuè	April
五月	Wǔyuè	May
六月	Liùyuè	June
七月	Qīyuè	July
八月	Bāyuè	August
九月	Jiǔyuè	September
十月	Shíyuè	October
十一月	Shíyīyuè	November
十二月	Shí'èryuè	December

A particular day in a month in Chinese is indicated by adding the cardinal number (1 to 31) to 号 (hào: number, colloquially) or 日 (rì: day, more formally). For example:

（四月）二十五号	(Sìyuè) èrshíwǔ hào	(April) 25th
（五月）九号	(Wǔyuè) jiǔ hào	(May) 9th
（十月）五日	(Shíyuè) wǔ rì	(October) 5th
（十一月）十七日	(Shíyīyuè) shíqī rì	(November) 17th

② 星期的表达

"星期"后加上数字一到六表示星期一到星期六，"星期日"是书面语，口语里也可以说"星期天"。例如：

星期一 Xīngqīyī	星期二 Xīngqī'èr	星期三 Xīngqīsān
星期四 Xīngqīsì	星期五 Xīngqīwǔ	星期六 Xīngqīliù
星期日 / 星期天 Xīngqīrì/Xīngqītiān		

国际汉语教程（初级篇）

"周六"是"星期六"的另外一种说法。在询问日期和星期时，使用疑问代词"几"。"号"表示日期，是口语的说法，正式的说法是"日"。

Expressão dos dias da semana

Os números cardinais são colocados à direita de 星期 (xīngqī: semana) para designar os dias da semana, de Segunda-feira até Sábado. O nome para Domingo é 星期天 (Xīngqītiān: linguagem coloquial) ou 星期日 (Xīngqīrì: linguagem escrita). Por exemplo:

星期一	Xīngqīyī	Segunda-feira
星期二	Xīngqī'èr	Terça-feira
星期三	Xīngqīsān	Quarta-feira
星期四	Xīngqīsì	Quinta-feira
星期五	Xīngqīwǔ	Sexta-feira
星期六	Xīngqīliù	Sábado
星期日 / 星期天	Xīngqīrì/Xīngqītiān	Domingo

周六 (Zhōuliù: Sábado) é a forma alternativa de 星期六 (Xīngqīliù). 几 (jǐ: quantos) é utilizado nas interrogativas para perguntar os dias da semana e as datas. 号 (hào: dia) é a expressão para a data utilizada na língua coloquial; a forma oficial é 日 (rì: dia):

Expression of the days in a week

The cardinal numbers (1 to 6) are used after 星期 (xīngqī: week) to indicate the days in a week except Sunday, as in 星期一 and 星期六. The name for Sunday is 星期天 (Xīngqītiān: colloquially) or 星期日 (Xīngqīrì: more formally). For example:

星期一	Xīngqīyī	Monday
星期二	Xīngqī'èr	Tuesday
星期三	Xīngqīsān	Wednesday
星期四	Xīngqīsì	Thursday
星期五	Xīngqīwǔ	Friday
星期六	Xīngqīliù	Saturday
星期日 / 星期天	Xīngqīrì/Xīngqītiān	Sunday

周六 (Zhōuliù: Saturday) is another form of 星期六 (Xīngqīliù). 几 (jǐ: how many) is used in a question to ask about the day and the date. 号 (hào: number) is the colloquial form of the formal expression 日 (rì: date) referring to the date.

❸ 疑问代词"几"

"几"用来询问数量、数目或序数。询问数量时，一般只用于可数的事物，且数量小于十，其结构为：几＋量词＋名词。询问序数时，则不管数量是否超过十。例如：

你家有几口人？
你有几个同学？
今天几位老师上课？

在询问星期、日期、钟点时，结构稍有变化，为：星期几、几月、几号（日）。例如：

今天星期几？
今天几月几号？
现在几点？

Pronome interrogativo 几

O pronome interrogativo 几 (jǐ: quanto) serve para perguntar a quantidade ou a ordem. Ao perguntar a quantidade, normalmente só se usa para um montante inferior a dez e para objectos contáveis, seguindo a estrutura 几 + Classificador+Nome. Ao perguntar a ordem, este limite não existe. Por exemplo:

你家有几口人？
你有几个同学？
今天几位老师上课？

Quando se pergunta pela semana, data e as horas, a estrutura muda para 星期几 (xīngqījǐ: que dia da semana), 几月 (jǐyuè: que mês), 几号 / 日 (jǐ hào/rì: que dia). Por exemplo:

今天星期几？
今天几月几号？
现在几点？

The interrogative word 几

几 (jǐ) is used to ask about numbers, quantities, or sequences. For quantities that are usually less than ten, and things that are usually countable, a measure word is put between 几 and the noun that indicates the entity. When used to ask about ordinal numbers, the quantity can go beyond ten. For example:

你家有几口人？

下周六是几号？ Quantos são no Sábado da próxima semana? What is the date of next Saturday?

你有几个同学？

今天几位老师上课？

When asking about week, date and hour, the structure changes to 星期几 (xīngqījǐ), 几月 (jǐyuè), 几号 / 日 (jǐ hào/rì). For example:

今天星期几？

今天几月几号？

现在几点？

❹ 钟点的表达

钟点的表达是分别在数字后加上"点"、"分"，还有"半"、"刻"等。不足十分钟要加上"零"；当分钟数超过三十分，尤其是接近下一个整点时，可用"差"来表示时间，结构形式为："差"+离下一整点的分钟数+下一整点。注意：两点用"两点"，不用"二点"。例如：

2:00　两点

4:08　四点零八分

5:15　五点十五分 / 五点一刻

6:30　六点半 / 六点三十分

7:45　七点四十五分 / 七点三刻 / 差一刻八点

8:50　八点五十分 / 差十分九点

Expressão de horas

As horas são expressas em chinês acrescentando à direita dos números as unidades de tempo 点 (diǎn: horas), 分 (fēn: minutos), 半 (bàn: meia hora) e 刻 (kè: um quarto de hora), etc. O 零 (líng: e) é acrescentado à esquerda dos minutos quando o número é inferior a 10. Quando se aproxima a hora em ponto, poderá ser utilizado o verbo 差 (chà: faltar) à esquerda de 分 ou 刻 . N.B. para a leitura das duas horas como 两点 (liǎng diǎn: duas horas) em vez de 二点 (èr diǎn). Por exemplo:

2:00　两点

4:08　四点零八分

5:15　五点十五分 / 五点一刻

6:30　六点半 / 六点三十分

7:45　七点四十五分 / 七点三刻 / 差一刻八点

8:50　八点五十分 / 差十分九点

Expressing time

The hours in the day are expressed in Chinese by adding a number to such temporal words as 点 (diǎn: o'clock), 分 (fēn: minute), 半 (bàn: half) and 刻 (kè: a quarter). 零 (líng: zero) is added to 分 when the minute number is less than 10. 差 (chà: less than) is used before 分 when the minute number is greater than 30 and is moving towards the top of the next hour, as in 差五分十点 (five to ten), 差一刻六点 (a quarter to six). Please note that 两点 (liǎng diǎn) rather than 二点 (èr diǎn) should be used to refer to "two o'clock". For example:

2:00　两点
4:08　四点零八分
5:15　五点十五分 / 五点一刻
6:30　六点半 / 六点三十分
7:45　七点四十五分 / 七点三刻 / 差一刻八点
8:50　八点五十分 / 差十分九点

5 动态助词"了"（一）

动态助词"了"出现在句尾，可以看作是一种体标记，其功能是在交际过程中提供一种新的信息，一般用来提醒听话者事态已经出现了或者即将出现变化，让听话者注意新情况的出现。例如：

老师今天上午不来了。
几点了？
九点半了。

Partícula aspectual 了 (1)

O marcador aspectual 了 (le) aparece no final de uma frase para indicar uma nova informação no acto comunicativo, chamando a atenção do interlocutor para a eventual mudança da situação. Por exemplo:

老师今天上午不来了。
几点了？
九点半了。

Aspectual particle 了 (1)

At the end of a sentence, 了 (le) can be considered an aspect marker, and is used by the speaker to provide new information in communication, alerting the listener that some change of state has already happened or will immediately happen so that the listener should heed the emergence of

国际汉语教程（初级篇）

the new situation. For example:

老师今天上午不来了。

几点了？

九点半了。

语音知识　Fonética / Phonetic knowledge

❶ 韵母小结

	∅				-i[i]		-o/-u[u]		-n[n]		-ng[ŋ]	
∅	a [a]	o [o]	e [ɤ]	ê [e]	ai [ai]	ei [ei]	ao [au]	ou [ou]	an [an]	en [ən]	ang [aŋ]	eng [əŋ]
i- [i]	i [i]	ia [ia]		ie [ie]		iao [iau]	i(o)u [iou]	ian [ian]	in [in]	iang [iaŋ]	ing [iŋ]
u- [u]	u [u]	ua [ua]	uo [uo]		uai [uai]	u(e)i [uei]		uan [uan]	u(e)n [uən]	uang [uaŋ]	ueng [uəŋ]	ong [uŋ]
ü- [y]	ü [y]			üe [ye]				üan [yan]	ün [yn]		iong [yŋ]

葡萄牙语母语者须注意韵母的开口度及舌位前后的差别，特别是 e[ɤ] 和 -i[ʅ]，如 rè 和 rì。

另须注意复韵母的发音特点，根据较响元音（主元音）的位置，复韵母分为三类。

前响复韵母：复韵母的第一个元音比第二个发音响亮清楚。发前面的元音后立刻滑向后面的元音，后者相对轻短模糊，只表示舌位滑动的方向。共四个：ai、ei、ao、ou。

后响复韵母：复韵母的第二个元音比第一个发音更响亮清楚。发音时，前面的元音较短，只表示舌位从那里开始移动，后面的元音非常清晰。共五个：ia、ie、ua、uo、üe。

中响复韵母：复韵母的中间一个元音比其他两个发音响亮清楚。发音时，前面的元音轻短，中间的元音清晰响亮，后面的元音轻短模糊，只表示舌位滑动的方向。共四个：iao、iou、uai、uei。

Sumário de finais

Os falantes nativos de língua portuguesa precisam de prestar atenção à abertura bucal quando pronunciam certas finais, particularmente e[ɤ] e -i[ʅ], como rè e rì.

Além disso, também deve ser dada atenção às características quando se pronunciam as finais compostas, que poderão ser classificadas nas seguintes três categorias.

A primeira vogal pronunciada mais alto: A primeira vogal de uma final composta é pronunciada mais alto e de modo mais claro do que a segunda. Pronunciada a primeira vogal, segue-se de imediato o deslizamento para a vogal posterior. A segunda vogal é pronunciada de forma leve e de modo não muito claro o que serve apenas para a indicação da direcção do movimento da língua. São as seguintes as quatro finais compostas da primeira categoria: ai, ei, ao e ou.

A última vogal pronunciada mais alto: A última vogal de uma final composta é pronunciada mais alto e de modo mais claro do que a primeira. Quando se pronuncia, a primeira vogal é curta indicando apenas a posição onde se inicia o movimento da língua. A última vogal é pronunciada de forma muito clara. São as seguintes as cinco finais compostas da segunda categoria: ia, ie, ua, uo e üe.

A vogal no meio pronunciada mais alto: A vogal que se situa no meio de uma final composta é pronunciada mais alto e de modo mais claro. Quando se pronuncia, a primeira vogal é curta, a vogal do meio é pronunciada mais alto e de modo mais claro, e a última vogal é pronunciada de modo leve indicando apenas a direcção do movimento da língua. São as seguintes as quatro finais compostas da terceira categoria: iao, iou, uai e uei.

Summary of finals

In pronouncing the finals, native speakers of Portuguese need to pay attention to how wide the mouth should open and the difference in the tongue positions, either at the front or at the back. This is particularly important for the pronunciations of e[ɤ] and -i[ɿ], as in rè vs. rì.

In addition, the pronunciation features of the compound finals should also be noted. Compound finals may be classified into three major types according to the positions where the vowel is pronounced louder.

The compound finals with the louder vowel at the initial position: The first vowel of a compound final is pronounced louder and clearer than the second one. Pronounce the first vowel and then slide immediately to the second one, which is pronounced lightly and vaguely. In this fusion of the vowels, the second vowel only indicates the movement direction of the tongue. Such compound finals include ai, ei, ao, and ou.

The compound finals with the louder vowel at the final position: The vowel at the final position of a compound final is pronounced louder and clearer than the first one. The first vowel, which is very short, only indicates where the tongue starts moving in pronouncing the compound final and the second one is very clear. Such compound finals include ia, ie, ua, uo, and üe.

国际汉语教程（初级篇）

Compound finals with the louder vowel in the middle: The vowel in the middle of a compound final is pronounced louder and clearer than the other two. The first vowel is pronounced short and light, the second one loud and clear, and the third one is also pronounced short and vague to indicate the direction of the movement of the tongue. Such compound finals include iao, iou, uai, and uei.

❷ 拼写规则（二）：iou、uei、uen 前加声母的拼写规则

iou、uei、uen 前加声母后，省掉韵腹，简写成 iu、ui、un，如：qiū、guì、kǔn（声调符号标记的规则见第八课）。

Regras de soletração (2): colocação de iniciais à esquerda de iou, uei e uen
Quando se colocam iniciais à esquerda de iou, uei e uen, as finais são abreviadas como iu, ui and un, como: qiū, guì and kǔn (Para as regras de marcadores tónicos, consulte a Lição 8).

Spelling rules (2): addition of initials before iou, uei, and uen
When initials are added to iou, uei, and uen, the vowel in the middle is dropped, hence the shortened forms of iu, ui, and un respectively, such as qiū, guì, and kǔn (For the rules of tone marking, please refer to Lesson 8).

汉字知识
Conhecimentos sobre caracteres chineses
Knowledge about Chinese characters

常见汉字偏旁（三）
Radicais dos caracteres chineses frequentemente usados (3)
Frequently used radicals of Chinese characters (3)

偏旁 **Radicais** **Radicals**	名称 **Nomes** **Names**	意义 **Significados dos radicais** **Meanings of the radicals**	例字 **Exemplos** **Examples**
饣	食字旁 Lateral de comida Food	多与食物有关。 Normalmente ligado à comida. Usually related to food.	饭、馆、饮

偏旁 Radicais Radicals	名称 Nomes Names	意义 Significados dos radicais Meanings of the radicals	例字 Exemplos Examples
冫	两点水 Lateral de duas gotas de água Two drops of water	多和寒冷的意思有关，一般在字的左侧，有时在字的下边。 Normalmente ligado ao frio. Frequentemente escrito à esquerda, ou, às vezes, em baixo. Usually related to coldness. Often written as the left side of a character, sometimes as its bottom.	冷、凉、冬
灬	火字底 Base de fogo Fire bottom	是"火"的变体，在字的下边。 Forma derivada de 火. Escrito por baixo. A variation of fire. Written as the bottom of a character.	热、点、照
火	火字旁 Lateral de fogo Fire side	多和火有关，一般在字的左边，有时在字的下边。 Normalmente ligado a fogo. Escrito frequentemente à esquerda, e, às vezes, por baixo. Usually related to fire. Often written as the left side of a character, sometimes as its bottom.	炉、烧、炎
艹	草字头 Cabeça de relva Grass top	多和草本植物有关，在字的上边。 Normalmente ligado com plantas herbáceas. Escrito por cima. Usually related to herbal plants. Written as the upper part of a character.	药、花、草
衤	衣字旁 Lateral de roupa Clothes side	多和衣物有关。 Normalmente ligado à roupa. Usually related to clothing.	衫、袖、裤

中华文化知识

Conhecimentos culturais chineses
Chinese cultural knowledge

广场舞

广场舞是近些年流行起来的现代都市人的健身舞，因多在广场聚集表演而得名。20世纪90年代以后，中国县级以上城市建了许多文化广场，成了当地人休闲的公共场所，其中重要的休闲活动之一就是由群众自发组织的、融自娱性与表演性为一体的集体舞。参与者多为中老年人，其中又以"大妈"居多。广场舞主要是结合现代流行歌曲和乐曲进行编舞，表演方式有很大的灵活性、随意性。

现在，在中国各地，从早到晚都能看到广场舞爱好者。不但在城市，在县、镇、村都有广场舞活动，很多地方还举办了广场舞艺术节，舞蹈节目中更是出现了民间舞、芭

国际汉语教程（初级篇）

蕾舞、现代舞等等改编的广场舞表演。具有现代风格的广场舞已经被越来越多的不同年龄层次的人接受，大家都开始关注自己的健康，年轻人和老年人的互动也为广场舞增加了许多的乐趣。广场舞作为现代城市广场发展的产物，不仅是中国城市公共生活的一道风景线，更成为一种值得关注的文化、社会现象。

Danças em praça pública

As danças em praças públicas, forma bastante popular de ginástica praticada pelos cidadãos modernos, ganharam este nome porque as pessoas se reúnem para dançar publicamente em praças. A partir dos anos 90 do século XXI passado, têm construído muitas praças culturais nas cidades, que funcionam como locais de entretenimento. Uma das actividades de lazer mais importantes é a dança realizada de forma espontânea, que serve não apenas para as pessoas se divertirem como também para actuarem em público. Os participantes são sobretudo de meia-idade ou de terceira-idade, entre os quais se destacam as "tias". A coreografia é principalmente baseada em música popular com um desempenho bastante flexível e casual.

Actualmente, pode ver-se, por toda a parte e de manhã cedo até à tardinha, os adeptos reunidos nas praças e a dançarem publicamente. Realizam-se, em muitos lugares, Festivais das Artes das Praças, onde se encontram danças que incorporam elementos das danças folclóricas, do balé, e até das danças modernas. As danças populares, aliás com estilo modernista, são cada vez mais aceites por cidadãos de várias faixas etárias, porque a questão de saúde está a chamar cada vez mais atenção. A interacção entre jovens e idosos enriquece ainda mais as danças, que têm origem no desenvolvimento das modernas praças citadinas e que constituem um espectáculo e um fenómeno cultural e social que merece atenção.

Chinese square dancing

Chinese Square Dancing, a very popular form of dancing among China's urban people, is named as such because dancers usually gather on public squares to perform. Since the 1990s, many cultural squares have been built in Chinese cities for citizens to entertain themselves. One of the most popular forms of entertainment is the spontaneous dance that combines personal amusement with public performance. The participants are largely the middle-aged and the elderly, particularly aunties or grannies in the neighbourhood. The choreography is mainly based on pop music and performances are quite flexible and casual.

Today you can see large groups of square dancers perform in various parts of China from morning till evening, in big cities or small towns. Square Dancing Art Festivals are held in many places. Elements of folk dance, ballet and modern dance are found in square dancing, showing a rich diversity of modern styles, and attracting an increasing number of participants from different age groups. With people paying more attention to their health, the interaction between the young and the elderly in square dancing has made this type of dance more entertaining and amusing. As a derivation from the square-building efforts in contemporary Chinese cities, square dancing has not only become a beautiful view, but also a valuable cultural and social phenomenon.

第八课　澳门文化中心在哪儿？

Lição 8　Onde fica o Centro Cultural de Macau?

Lesson 8　Where is the Macao Cultural Centre?

国际汉语教程（初级篇）

课文 | Texto / Text

澳门文化中心在哪儿？
Onde fica o Centro Cultural de Macau?
Where is the Macao Cultural Centre?

安梅兰：请问，澳门文化中心在哪儿？
Ān Méilán: Qǐngwèn, Àomén Wénhuà Zhōngxīn zài nǎr?

刘大江：在新口岸，就在艺术博物馆对面。
Liú Dàjiāng: Zài Xīnkǒu'àn, jiù zài Yìshù Bówùguǎn duìmiàn.

安梅兰：澳门文化中心离理工学院远吗？
Ān Méilán: Àomén Wénhuà Zhōngxīn lí Lǐgōng Xuéyuàn yuǎn ma?

刘大江：不远，步行十分钟左右。
Liú Dàjiāng: Bù yuǎn, bùxíng shí fēnzhōng zuǒyòu.

安梅兰：今天晚上那儿有京剧演出，北京京剧院的节目，一定很精彩。我有两张票，你能一起去看吗？
Ān Méilán: Jīntiān wǎnshang nàr yǒu Jīngjù yǎnchū, Běijīng Jīngjùyuàn de jiémù, yīdìng hěn jīngcǎi. Wǒ yǒu liǎng zhāng piào, nǐ néng yīqǐ qù kàn ma?

刘大江：谢谢你，不过今天晚上有陈教授的讲座，我要去听，不能去看京剧。太遗憾了！
Liú Dàjiāng: Xièxie nǐ, bùguò jīntiān wǎnshang yǒu Chén jiàoshòu de jiǎngzuò, wǒ yào qù tīng, bù néng qù kàn Jīngjù. Tài yíhàn le!

罗飞龙：你知道新龙餐厅在哪儿吗？
Luó Fēilóng: Nǐ zhīdao Xīnlóng Cāntīng zài nǎr ma?

李嘉玲：就在金莲花广场南边，不远。那儿的四川菜不错。
Lǐ Jiālíng: Jiù zài Jīnliánhuā Guǎngchǎng nánbian, bù yuǎn. Nàr de Sìchuāncài bùcuò.

罗飞龙：新口岸餐厅也在那儿吗？
Luó Fēilóng: Xīnkǒu'àn Cāntīng yě zài nàr ma?

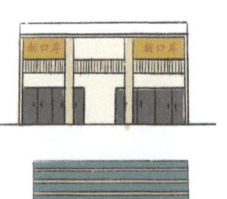

李嘉玲：不，新口岸餐厅在金莲花广场北边，过马路就是，离这儿很近。
Lǐ Jiālíng: Bù, Xīnkǒu'àn Cāntīng zài Jīnliánhuā Guǎngchǎng běibian. Guò mǎlù jiù shì. Lí zhèr hěn jìn.

罗飞龙：理工学院里有餐厅吗？
Luó Fēilóng: Lǐgōng Xuéyuàn li yǒu cāntīng ma?

李嘉玲：明德楼一楼有一个食堂，汇智楼一楼也有一个。饭菜都不错，我常常在那儿吃饭，你可以去试试。
Lǐ Jiālíng: Míngdé Lóu yī lóu yǒu yī gè shítáng, Huìzhì Lóu yī lóu yě yǒu yī gè. Fàncài dōu bùcuò, wǒ chángcháng zài nàr chīfàn, nǐ kěyǐ qù shìshi.

罗飞龙：好的，谢谢！
Luó Fēilóng: Hǎode, xièxie!

澳門文化中心在哪兒？

安梅蘭：請問，澳門文化中心在哪兒？
劉大江：在新口岸，就在藝術博物館對面。
安梅蘭：澳門文化中心離理工學院遠嗎？
劉大江：不遠，步行十分鐘左右。
安梅蘭：今天晚上那兒有京劇演出，北京京劇院的節目，一定很精彩。我有兩張票，你能一起去看嗎？
劉大江：謝謝你，不過今天晚上有陳教授的講座，我要去聽，不能去看京劇。太遺憾了！

羅飛龍：你知道新龍餐廳在哪兒嗎？
李嘉玲：就在金蓮花廣場南邊，不遠。那兒的四川菜不錯。
羅飛龍：新口岸餐廳也在那兒嗎？
李嘉玲：不，新口岸餐廳在金蓮花廣場北邊，過馬路就是，離這兒很近。
羅飛龍：理工學院裏有餐廳嗎？
李嘉玲：明德樓一樓有一個食堂，匯智樓一樓也有一個。飯菜都不錯，我常常在那兒吃飯，你可以去試試。
羅飛龍：好的，謝謝！

国际汉语教程（初级篇）

生词 / Vocabulário / New words

哪儿	哪兒	nǎr	代	Pron	onde	where
对面	對面	duìmiàn	名	N	(em) frente	opposite, across the street
离	離	lí	动	V	de	to be away (from)
远	遠	yuǎn	形	Adj	longe	far
步行		bùxíng	动	V	caminhar	to walk, on foot
分钟	分鐘	fēnzhōng	量	M	minuto	minute
左右		zuǒyòu	名	N	cerca de	about, around
今天		jīntiān	名	N	hoje	today
那儿	那兒	nàr	代	Pron	aí, ali	there
演出		yǎnchū	动/名	V/N	actuar, espectáculo, actuação	to perform; performance
节目	節目	jiémù	名	N	programa	programme
精彩		jīngcǎi	形	Adj	maravilhoso	wonderful, marvelous
张	張	zhāng	量	M	classificador para bilhetes	measure word for paper, ticket, etc.
票		piào	名	N	bilhete	ticket
能		néng	情动	MV	poder	can, to be able to
讲座	講座	jiǎngzuò	名	N	seminário	lecture, seminar, talk
遗憾	遺憾	yíhàn	形	Adj	pena	pitiful
知道		zhīdao	动	V	saber	to know
餐厅	餐廳	cāntīng	名	N	cantina, restaurante	cafeteria, restaurant
南边	南邊	nánbian	名	N	sul	south
北边	北邊	běibian	名	N	norte	north
过	過	guò	动	V	atravessar	to pass, to cross
马路	馬路	mǎlù	名	N	rua	road
这儿	這兒	zhèr	代	Pron	aqui	here
近		jìn	形	Adj	perto	close to
里	裏	li	名	N	dentro	inside

楼	樓	lóu	名	N	andar (prédio, casa)	floor, level
食堂		shítáng	名	N	cantina	canteen
饭菜	飯菜	fàncài	名	N	comida	food, meal
常常		chángcháng	副	Adv	normalmente, frequentemente	often, frequently
吃		chī	动	V	comer	to eat
饭	飯	fàn	名	N	refeição	rice, meal
试	試	shì	动	V	provar, experimentar	to try, to experiment
好的		hǎode	叹	Int	OK	OK

专有名词 — Nomes próprios / Proper nouns

澳门文化中心	澳門文化中心	Centro Cultural de Macau	Macao Cultural Centre
新口岸		Zona de Aterros do Porto Exterior	ZAPE
艺术博物馆	藝術博物館	Museu de Arte de Macau	The Macao Art Museum
理工学院	理工學院	Instituto Politécnico de Macau	Macao Polytechnic Institute
北京京剧院	北京京劇院	Teatro de Ópera de Beijing	Jingju Theatre Company of Beijing
新龙餐厅	新龍餐廳	Restaurante Dragão Novo	The New Dragon Restaurant
金莲花广场	金蓮花廣場	Praça Flor de Lótus	The Golden Lotus Square
四川菜		a culinária de Sichuan	Sichuan Cuisines
新口岸餐厅	新口岸餐廳	Estabelecimento de Comida Português Porto Exterior	The ZAPE Restaurant
明德楼	明德樓	Edifício Meng Tak	The Meng Tak Building
汇智楼	匯智樓	Edifício Wui Chi	The Wui Chi Building

注释 Notas / Notes

金莲花广场

　　澳门的公共广场，因广场中心放置了中华人民共和国国务院赠送的庆祝澳门回归祖国的镀金莲花雕塑而得名。莲花是澳门特别行政区的区花，金莲花广场是澳门的城市地标之一。

Praça Flor de Lótus

É uma praça pública de Macau. Recebe o nome da escultura da flor de lótus feita de bronze dourado, colocada em pleno coração da praça, que foi oferecida pelo Conselho de Estado da República Popular da China por ocasião do retorno de Macau à Mãe-Pátria. A flor de lótus é o símbolo da Região Administrativa Especial de Macau. A Praça Flor de Lótus, cujo nome também pode ser abreviado para Praça do Lótus, é um dos monumentos de referência da cidade.

Golden Lotus Square

The Golden Lotus Square is a public square in Macao. It is named after the gold-gilded lotus flower sculpture standing at its centre, which was a gift from the State Council of the People's Republic of China to Macao on Macao's return to China in 1999. The lotus flower is the official flower for the Macao Special Administrative Region and the Golden Lotus Square is now one of its landmarks.

| 第八课 |

词句解释   Notas explicativas sobre frases
Explanatory notes on phrases and sentences

❶ 步行十分钟左右。

"左右"用在数量后面表示概数。例如：

五十分钟左右

八点半左右

七十个左右

二十岁左右

É apenas uma caminhada de dez minutos.

左右 (zuǒyòu: cerca de) é empregue à direita dos números para indicar um número aproximado. Por exemplo:

五十分钟左右

八点半左右

七十个左右

二十岁左右

It's only about ten minutes' walk.

左右 (zuǒyòu: about) is used after a quantity to indicate an approximation of a certain number. For example:

五十分钟左右

八点半左右

七十个左右

二十岁左右

❷ 明德楼一楼有一个食堂。

（1）名量词"个"

"个"，名量词，一般用于没有专用量词的名词。例如：

三个篮球

两个星期

几个电脑游戏

有些名词除了用专用量词之外也能用"个"。例如：

三名学生 —— 三个学生

国际汉语教程（初级篇）

　　十位老师 —— 十个老师
　　一所学校 —— 一个学校
　（2）表存现的"有"字句
　　表示在某地/某时间存在、出现某不确定的人或物，其基本结构形式为：处所/时间+"有"+（数词+量词）+名词/名词短语。例如：
　　文化中心有京剧演出。
　　晚上有陈教授的讲座。
　　明德楼有一个学生食堂。
　　其否定形式为：处所/时间+"没有"+名词/名词短语。一般情况下，否定形式中不出现"数词+量词"。例如：
　　文化中心没有京剧演出。
　　晚上没有陈教授的讲座。
　　明德楼没有学生食堂。

Há uma cantina no primeiro andar do Edifício Meng Tak.
(1) Classificador nominal 个

个 (gè: uma unidade), classificador nominal, é normalmente usado para nomes que não têm classificadores fixos. Por exemplo:

　　三个篮球
　　两个星期
　　几个电脑游戏

Certos nomes são também compatíveis com o classificador 个, para além de possuirem os seus próprios classificadores fixos. Por exemplo:

　　三名学生 —— 三个学生
　　十位老师 —— 十个老师
　　一所学校 —— 一个学校

(2) Frases com 有 indicando existência

A estrutura Local/Tempo+ 有 (yǒu)+(Numeral+Classificador)+Nome/Locução nominal indica a existência de certos objectos ou certas pessoas num certo sítio ou num dado momento. Por exemplo:

　　文化中心有京剧演出。
　　晚上有陈教授的讲座。
　　明德楼有一个学生食堂。

A forma negativa desta estrutura é

Local/Tempo+ 没有 (méiyǒu)+Nome/Locução nominal

Normalmente, a estrutura Numeral+Classificador não será utilizada nesta estrutura negativa. Por exemplo:

文化中心没有京剧演出。

晚上没有陈教授的讲座。

明德楼没有学生食堂。

There is a dinning hall on the first floor of Meng Tak Building.

(1) Measure word 个

个 (gè) is a nominal measure word, usually used before a noun that has no fixed measure words. For example:

三个篮球

两个星期

几个电脑游戏

个 can also be used before some nouns that have their own fixed measure words. For example:

三名学生 —— 三个学生

十位老师 —— 十个老师

一所学校 —— 一个学校

(2) 有 indicating existence

The basic syntactic structure of the existential sentence in Chinese is: Location/Time NP+ 有 (yǒu)+(Number + Measure word)+NP, which usually indicates the existence or the emergence of an indefinite person or event at a certain location or time. For example:

文化中心有京剧演出。

晚上有陈教授的讲座。

明德楼有一个学生食堂。

The negative form of this sentence structure is: Location/Time NP+ 没有 (méiyǒu)+NP, indicating the nonexistence of indefinite things or persons. Note that Number+Measure word usually does not appear before the noun or noun phrase in this negative form. For example:

文化中心没有京剧演出。

晚上没有陈教授的讲座。

明德楼没有学生食堂。

国际汉语教程（初级篇）

语法 / Gramática / Grammar

1 疑问代词"哪儿"构成的疑问句

"哪儿"是疑问代词，用来询问地点、位置，常用于"在"的后面，"哪儿"也作"哪里"。例如：

博物馆在哪儿？

陈教授在哪里？

使用疑问代词的疑问句的语序与陈述句相同，只是用疑问代词替换句子中要询问的部分。例如：

他去**图书馆**。——他去**哪儿**？

学生**八点**上课。——学生**几点**上课？

她是**我同学**。——她是**谁**？

Interrogativas com 哪儿

哪儿 (nǎr), pronome interrogativo, é empregado para perguntar a localização. É antecedido normalmente 在 (zài: estar em) e tem a sua forma derivada 哪里 (nǎli). Por exemplo:

博物馆在哪儿？

陈教授在哪里？

As interrogativas formadas com pronomes interrogativos mantêm a mesma ordem das palavras das frases declarativas. As interrogativas são formadas com a substituição de certos elementos frásicos pelos correspondentes pronomes interrogativos. Por exemplo:

他去**图书馆**。——他去**哪儿**？

学生**八点**上课。——学生**几点**上课？

她是**我同学**。——她是**谁**？

Questions with 哪儿

哪儿 (nǎr) is an interrogative pronoun often used after 在 (zài: to be at) to ask about location or place. 哪儿 can also be used in the form of 哪里 (nǎli). For example:

博物馆在哪儿？

陈教授在哪里？

The word order of an interrogative sentence with an interrogative pronoun is the same as that of a declarative sentence. The sentence becomes a question when the interrogative pronoun is used to substitute for the part that is being asked. For example:

他去**图书馆**。——他去**哪儿**？

学生**八点**上课。——学生**几点**上课？

她是**我同学**。——她是**谁**？

❷ 情态动词"能"

情态动词"能"表示有条件做某事。例如：

你能一起去看吗？

我要上课，不能上网。

今天晚上没有课，我能去看京剧。

Verbo modal 能

O verbo modal 能 (néng: poder) indica a disponibilidade para fazer algo. Por exemplo:

你能一起去看吗？

我要上课，不能上网。

今天晚上没有课，我能去看京剧。

The modal verb 能

Modal verb 能 (néng: can) indicates the availability of the condition to do something. For example:

你能一起去看吗？

我要上课，不能上网。

今天晚上没有课，我能去看京剧。

❸ 指示代词"这儿"和"那儿"

"这儿"和"那儿"是表示处所的指示代词。"这儿"表示近指，即处所离说话者较近。"那儿"表示远指，即处所离说话者较远。"这儿"、"那儿"又作"这里"、"那里"。例如：

新口岸餐厅也在那儿吗？

过马路就是，离这儿很近。

Pronomes demonstrativos 这儿 e 那儿

这儿 (zhèr: aqui) e 那儿 (nàr: aí, ali) são pronomes demonstrativos que indicam a localização. 这儿 refere-se a um local relativamente próximo do locutor enquanto 那儿 a um local afastado do locutor. 这里 (zhèli) e 那里 (nàli) são formas derivadas de 这儿 e 那儿. Por exemplo:

新口岸餐厅也在那儿吗？
过马路就是，离这儿很近。

Demonstrative pronouns 这儿 and 那儿

这儿 (zhèr: here) and 那儿 (nàr: there) are locative demonstrative pronouns. 这儿 refers to a location relatively close to the speaker while 那儿 refers to a location that is further away. 这儿, 那儿 can also be used in the form of 这里 (zhèli), 那里 (nàli). For example:

新口岸餐厅也在那儿吗？
过马路就是，离这儿很近。

❹ 动词重叠

"试试"是动词"试"的重叠形式。汉语中的动词重叠形式表示动作持续的时间短或进行的次数少。类似的还有"看看"、"听听"等。

É forma duplicada do verbo

É forma duplicada do verbo 试 (shì: provar) com o sentido imperativo "Experimenta!". A duplicação do verbo em chinês indica uma acção de curta duração ou repetida poucas vezes. Acontece o mesmo com as seguintes formas 看看 (kànkan: olhar), 听听 (tīngting: ouvir), etc.

Duplicative form of verbs

试试 (shìshi: have a try) is the duplicative form of the monosyllabic verb 试, indicating an action that only lasts for a short while or is repeated only for a very limited number of times. Similar examples include 看看 (kànkan: have a look) and 听听 (tīngting: have a listen).

语音知识 Fonética / Phonetic knowledge

❶ 普通话声母韵母拼合总表

A tabela completa das combinações inicial-final

A complete table of initial-final combinations

第八课

表 1　没有韵头，韵腹也不是 i、u、ü 的音节
Tabela 1. As sílabas sem i, u, ü como vogal medial ou principal
Table 1. Syllables without i, u, ü as the medial or main vowel

		ø	b	p	m	f	d	t	n	l	g	k	h	zh	ch	sh	r	z	c	s
a	ˉ	ā	bā	pā	mā	fā	dā	tā	nā	lā	gā	kā	hā	zhā	chā	shā		zā	cā	sā
	ˊ	á	bá	pá	má	fá	dá	tá	ná	lá	gá	ká	há	zhá	chá	shá		zá	cá	
	ˇ	ǎ	bǎ	pǎ	mǎ	fǎ	dǎ	tǎ	nǎ	lǎ	gǎ	kǎ	hǎ	zhǎ	chǎ	shǎ		zǎ	cǎ	sǎ
	ˋ	à	bà	pà	mà	fà	dà	tà	nà	là	gà		hà	zhà	chà	shà				sà
o	ˉ	ō	bō	pō	mō															
	ˊ	ó	bó	pó	mó	fó														
	ˇ	ǒ	bǒ	pǒ	mǒ															
	ˋ	ò	bò	pò	mò															
e	ˉ	ē					dē				gē	kē	hē	zhē	chē	shē		zē	cē	sē
	ˊ	é					dé		né		gé	ké	hé	zhé	ché	shé				
	ˇ	ě									gě	kě		zhě	chě	shě	rě	zě	cě	
	ˋ	è					dè	tè	nè	lè	gè	kè	hè	zhè	chè	shè	rè			
ai	ˉ	āi	bāi	pāi	māi		dāi	tāi			gāi	kāi	hāi	zhāi	chāi	shāi		zāi	cāi	sāi
	ˊ	ái	bái	pái	mái		dái	tái			gái		hái	zhái	chái					
	ˇ	ǎi	bǎi	pǎi	mǎi		dǎi	tǎi	nǎi	lǎi	gǎi	kǎi	hǎi	zhǎi	chǎi	shǎi		zǎi	cǎi	
	ˋ	ài	bài	pài	mài		dài	tài	nài	lài	gài	kài	hài	zhài	chài	shài		zài	cài	sài

澳门文化中心在哪儿？ Onde fica o Centro Cultural de Macau? Where is the Macao Cultural Centre?

国际汉语教程（初级篇）

					sāo		sāo	sōu		sōu		sān		sān	sēn		
			cèi	cāo	cáo	cǎo	cào			cóu	cān	cán	cǎn	càn	cēn	cén	
	zéi			zāo	záo	zǎo	zào	zōu		zǒu	zòu	zān	zán	zǎn	zàn		zēn	zèn
						rǎo	ráo	rǎo	ráo		róu	ròu		rán	rǎn		rén	rěn	rèn
	shéi			shāo	sháo	shǎo	shào			shǒu	shòu	shān		shǎn	shàn	shēn	shén	shěn	shèn
				chāo	cháo	chǎo	chào	chōu	chóu	chǒu	chòu	chān	chán	chǎn	chàn	chēn	chén	chěn	chèn
				zhāo	zháo	zhǎo	zhào	zhōu	zhóu	zhǒu	zhòu	zhān		zhǎn	zhàn	zhēn	zhén	zhěn	zhèn
hēi				hāo	háo	hǎo	hào	hōu	hóu	hǒu	hòu	hān	hán		hàn		hēn	hěn	hèn
				kāo		kǎo	kào	kōu		kǒu	kòu	kān		kǎn	kàn		kēn	kěn	kèn
			gěi	gāo		gǎo	gào	gōu		gǒu	gòu	gān		gǎn	gàn	gēn	gén	gěn	gèn
lēi	léi	lěi	lèi	lāo	láo	lǎo	lào	lōu	lóu	lǒu	lòu	lān	lán	lǎn	làn				
		něi	nèi	nāo	náo	nǎo	nào			nǒu	nòu	nān	nán	nǎn	nàn				nèn
				tāo	táo	tǎo	tào	tōu	tóu		tòu	tān	tán	tǎn	tàn				
dēi		děi		dāo	dáo	dǎo	dào	dōu		dǒu	dòu	dān		dǎn	dàn				
fēi	féi	fěi	fèi						fóu	fǒu		fān	fán	fǎn	fàn	fēn	fén	fěn	fèn
	méi	měi	mèi	māo	máo	mǎo	mào	mōu	móu	mǒu		mān	mán	mǎn	màn	mēn	mén	měn	mèn
pēi	péi	pěi	pèi	pāo	páo	pǎo	pào	pōu	póu	pǒu		pān	pán	pǎn	pàn	pēn	pén	pěn	pèn
bēi		běi	bèi	bāo	báo	bǎo	bào					bān		bǎn	bàn	bēn		běn	bèn
ēi	éi	ěi	èi	āo	áo	ǎo	ào	ōu		ǒu	òu	ān		ǎn	àn	ēn			èn
ˉ	ˊ	ˇ	ˋ	ˉ	ˊ	ˇ	ˋ	ˉ	ˊ	ˇ	ˋ	ˉ	ˊ	ˇ	ˋ	ˉ	ˊ	ˇ	ˋ
ei				ao				ou				an				en			

	-	ˋ	ˇ	ˊ	-	ˋ	ˇ	ˊ	-	ˋ	ˇ	ˊ
	āng	àng	ǎng	áng	ēng	èng	ěng	éng				
	bāng	bàng	bǎng	báng	bēng	bèng	běng	béng				
	pāng	pàng	pǎng	páng	pēng	pèng	pěng	péng				
	māng	màng	mǎng	máng	mēng	mèng	měng	méng				
	fāng	fàng	fǎng	fáng	fēng	fèng	fěng	féng				
	dāng	dàng	dǎng		dēng	dèng	děng					
	tāng	tàng	tǎng	táng	tēng			téng				
	nāng	nàng	nǎng	náng				néng				
	lāng	làng	lǎng	láng	lēng		lěng	léng				
	gāng	gàng	gǎng		gēng		gěng	géng				
	kāng	kàng	kǎng	káng	kēng							
	hāng	hàng	hǎng	háng	hēng	hèng		héng				
	zhāng	zhàng	zhǎng		zhēng	zhèng	zhěng		zhī	zhì	zhǐ	zhí
	chāng	chàng	chǎng	cháng	chēng	chèng	chěng	chéng	chī	chì	chǐ	chí
	shāng	shàng	shǎng	sháng	shēng		shěng	shéng	shī	shì	shǐ	shí
	rāng	ràng	rǎng	ráng	rēng			réng		rì		
	zāng	zàng	zǎng	záng	zēng	zèng			zī	zì	zǐ	
	cāng			cáng	cēng	cèng		céng	cī	cì	cǐ	cí
	sāng	sàng	sǎng		sēng				sī	sì	sǐ	
						èr	ěr	ér				

ang eng er 一 [i] [ɿ]

国际汉语教程（初级篇）

表2 以 i 为韵头或韵腹的音节
Tabela 2. As sílabas com i como vogal medial ou principal
Table 2. Syllables with i as the medial or main vowel

		ø	b	p	m	f	d	t	n	l	j	q	x
i	ˉ	yī	bī	pī	mī		dī	tī	nī	lī	jī	qī	xī
	ˊ	yí	bí	pí	mí		dí	tí	ní	lí	jí	qí	xí
	ˇ	yǐ	bǐ	pǐ	mǐ		dǐ	tǐ	nǐ	lǐ	jǐ	qǐ	xǐ
	ˋ	yì	bì	pì	mì		dì	tì	nì	lì	jì	qì	xì
ia	ˉ	yā									jiā	qiā	xiā
	ˊ	yá									jiá	qiá	xiá
	ˇ	yǎ								liǎ	jiǎ	qiǎ	
	ˋ	yà									jià	qià	xià
ie	ˉ	yē	biē	piē	miē		diē	tiē	niē	liē	jiē	qiē	xiē
	ˊ	yé	bié	pié			dié		nié	liě	jié	qié	xié
	ˇ	yě	biě	piě				tiě		liě	jiě	qiě	xiě
	ˋ	yè	biè	piè	miè			tiè	niè	liè	jiè	qiè	xiè
iao	ˉ	yāo	biāo	piāo	miāo		diāo	tiāo		liāo	jiāo	qiāo	xiāo
	ˊ	yáo	biáo	piáo	miáo			tiáo		liáo	jiáo	qiáo	xiáo
	ˇ	yǎo	biǎo	piǎo	miǎo		diǎo	tiǎo	niǎo	liǎo	jiǎo	qiǎo	xiǎo
	ˋ	yào	biào	piào	miào		diào	tiào	niào	liào	jiào	qiào	xiào

Final	Tone	y	b	p	m	d	t	n	l	j	q	x
iou	ˉ	yōu				diū		niū	liū	jiū	qiū	xiū
	ˊ	yóu						niú	liú	jiú	qiú	
	ˇ	yǒu						niǔ	liǔ	jiǔ	qiǔ	xiǔ
	ˋ	yòu						niù	liù	jiù	qiù	xiù
ian	ˉ	yān	biān	piān		diān	tiān	niān	liān	jiān	qiān	xiān
	ˊ	yán		pián	mián	diān	tiān	nián	lián	jiān	qián	xiān
	ˇ	yǎn	biǎn	piǎn	miǎn	diǎn	tiǎn	niǎn	liǎn	jiǎn	qiǎn	xiǎn
	ˋ	yàn	biàn	piàn	miàn	diàn	tiàn	niàn	liàn	jiàn	qiàn	xiàn
in	ˉ	yīn	bīn	pīn					līn	jīn	qīn	xīn
	ˊ	yín		pín	mín			nín	lín	jín	qín	xín
	ˇ	yǐn	bǐn	pǐn	mǐn				lǐn	jǐn	qǐn	xǐn
	ˋ	yìn	bìn	pìn					lìn	jìn	qìn	xìn
iang	ˉ	yāng						niāng	liāng	jiāng	qiāng	xiāng
	ˊ	yáng							liáng	jiáng	qiáng	xiáng
	ˇ	yǎng						niǎng	liǎng	jiǎng	qiǎng	xiǎng
	ˋ	yàng						niàng	liàng	jiàng	qiàng	xiàng
ing	ˉ	yīng	bīng	pīng	mīng	dīng	tīng	nīng	līng	jīng	qīng	xīng
	ˊ	yíng		píng	míng	dǐng	tíng	níng	líng		qíng	xíng
	ˇ	yǐng	bǐng	pǐng	mǐng	dǐng	tǐng	nǐng	lǐng	jǐng	qǐng	xǐng
	ˋ	yìng	bìng	pìng	mìng	dìng	tìng	nìng	lìng	jìng	qìng	xìng

国际汉语教程（初级篇）

表3　以 u 为韵头或韵腹的音节
Tabela 3. As sílabas com u como vogal medial ou principal
Table 3. Syllables with u as the medial or main vowel

		ø	b	p	m	f	d	t	n	l	g	k	h	zh	ch	sh	r	z	c	s
u	ˉ	wū	bū	pū		fū	dū	tū		lū	gū	kū	hū	zhū	chū	shū		zū	cū	sū
	ˊ	wú	bú	pú	mú	fú	dú	tú	nú	lú	gú	kú	hú	zhú	chú	shú	rú	zú	cú	sú
	ˇ	wǔ	bǔ	pǔ	mǔ	fǔ	dǔ	tǔ	nǔ	lǔ	gǔ	kǔ	hǔ	zhǔ	chǔ	shǔ	rǔ	zǔ	cǔ	sǔ
	ˋ	wù	bù	pù	mù	fù	dù	tù	nù	lù	gù	kù	hù	zhù	chù	shù	rù		cù	sù
ua	ˉ	wā									guā	kuā	huā	zhuā	chuā					
	ˊ	wá											huá							
	ˇ	wǎ									guǎ	kuǎ		zhuǎ		shuǎ				
	ˋ	wà									guà	kuà	huà							
uo	ˉ	wō					duō	tuō		luō	guō	kuō	huō	zhuō	chuō	shuō		zuō	cuō	suō
	ˊ						duó	tuó	nuó	luó	guó		huó	zhuó			ruó	zuó	cuó	
	ˇ	wǒ					duǒ	tuǒ		luǒ	guǒ	kuǒ	huǒ					zuǒ	cuǒ	suǒ
	ˋ	wò					duò	tuò	nuò	luò	guò	kuò	huò		chuò	shuò	ruò	zuò	cuò	
uai	ˉ	wāi									guāi			zhuāi						
	ˊ												huái		chuái					
	ˇ	wǎi									guǎi	kuǎi	huǎi	zhuǎi	chuǎi	shuǎi				
	ˋ	wài									guài	kuài	huài	zhuài	chuài	shuài				

—	wēi		duī	tuī		guī	kuī	huī	zhuī	chuī		ruī	zuī	cuī	suī
ˊ	wéi			tuí		guí	kuí	huí		chuí	shuí	ruí	zuí	cuí	suí
ˇ	wěi			tuǐ		guǐ	kuǐ	huǐ		chuǐ	shuǐ	ruǐ	zuǐ	cuǐ	suǐ
ˋ	wèi	uei	duì	tuì		guì	kuì	huì	zhuì	chuì	shuì	ruì	zuì	cuì	suì
—	wān		duān			guān	kuān	huān	zhuān	chuān	shuān		zuān	cuān	suān
ˊ	wán			tuán	luán			huán		chuán		ruán		cuán	
ˇ	wǎn		duǎn	tuǎn	luǎn	guǎn	kuǎn	huǎn	zhuǎn	chuǎn	shuǎn	ruǎn	zuǎn		
ˋ	wàn	uan	duàn	tuàn	luàn	guàn	kuàn	huàn	zhuàn	chuàn	shuàn	ruàn	zuàn	cuàn	suàn
—	wēn		dūn	tūn	lūn	gūn	kūn	hūn	zhūn	chūn	shūn		zūn	cūn	sūn
ˊ	wén			tún	lún			hún		chún	shún	rún		cún	
ˇ	wěn		dǔn	tǔn	lǔn	gǔn	kǔn	hǔn	zhǔn	chǔn	shǔn		zǔn	cǔn	sǔn
ˋ	wèn	uen	dùn	tùn	lùn	gùn	kùn	hùn	zhùn	chùn	shùn	rùn	zùn	cùn	
—	wāng					guāng	kuāng	huāng	zhuāng	chuāng	shuāng				
ˊ	wáng						kuáng	huáng		chuáng					
ˇ	wǎng					guǎng	kuǎng	huǎng	zhuǎng	chuǎng	shuǎng				
ˋ	wàng	uang				guàng	kuàng	huàng	zhuàng	chuàng					

国际汉语教程（初级篇）

		d	t	n	l	g	k	h	zh	ch	r	z	c	s
ong	ˉ	dōng	tōng		lōng	gōng	kōng	hōng	zhōng	chōng		zōng	cōng	sōng
	ˊ		tóng	nóng	lóng			hóng		chóng	róng		cóng	
	ˇ	dǒng	tǒng		lǒng	gǒng	kǒng	hǒng	zhǒng	chǒng	rǒng	zǒng		sǒng
	ˋ	dòng	tòng	nòng	lòng	gòng	kòng	hòng	zhòng	chòng		zòng		sòng

		—
ueng	ˉ	wēng
	ˊ	wéng
	ˇ	wěng
	ˋ	wèng

表4　以 ü 为韵头或韵腹的音节
Tabela 4. As sílabas com ü como vogal medial ou principal
Table 4. Syllables with ü as the medial or main vowel

		ø	n	l	j	q	x
ü	ˉ	yū			jū	qū	xū
	ˊ	yú		lǘ	jú	qú	xú
	ˇ	yǔ	nǚ	lǚ	jǔ	qǔ	xǔ
	ˋ	yù	nǜ	lǜ	jù	qù	xù

üe	xuē	quē	juē		yuē	ˉ
	xué	qué	jué		yué	ˊ
	xuě		juě	luě	yuě	ˇ
	xuè	què	juè	nüè	yuè	ˋ
üan	xuān	quān	juān		yuān	ˉ
	xuán	quán			yuán	ˊ
	xuǎn	quǎn	juǎn		yuǎn	ˇ
	xuàn	quàn	juàn		yuàn	ˋ
ün	xūn	qūn	jūn		yūn	ˉ
	xún	qún	jún		yún	ˊ
	xǔn		jǔn		yǔn	ˇ
	xùn		jùn		yùn	ˋ
iong	xiōng	qiōng	jiōng		yōng	ˉ
	xióng	qióng			yóng	ˊ
			jiǒng		yǒng	ˇ
	xiòng				yòng	ˋ

第八课

澳门文化中心在哪儿？ Onde fica o Centro Cultural de Macau? Where is the Macao Cultural Centre?

· 153 ·

② 声调标记规则

汉语的四个声调分别用 ‾、ˊ、ˇ 和 ˋ 四个声调符号来表示。轻声不标调。声调符号标在单韵母或复韵母的主要元音上。

注意：复韵母 iou、uei、uen 前加声母之后简写成 iu、ui、un，声调标注规则是：

（1）iou 前加声母之后简写成 iu，声调标在 u 上。如：qiū。

（2）uei 前加声母之后简写成 ui，声调标在 i 上。如：guì。

（3）uen 前加声母之后简写成 un，声调标在 u 上。如：kǔn。

Regras de marcação de tons

Os quatro tons do *putonghua* (o primeiro, o segundo, o terceiro e o quarto) são marcados respectivamente com ‾, ˊ, ˇ e ˋ. O tom neutro não leva marcadores. Os marcadores são colocados nas vogais principais das finais simples ou compostas.

N.B.: As iniciais compostas iou, uei e uen, quando antecedidas de iniciais, escrevem-se como iu, ui e un. As regras de marcação dos tons são as seguintes:

(1) Quando antecedida de iniciais, a final iou é escrita simplesmente como iu, com marcadores colocados em cima da voal u, como em, qiū.

(2) Quando antecedida de iniciais, a final uei é escrita simplesmente como ui, com marcadores colocados em cima da vogal i, como em guì.

(3) Quando antecedida de iniciais, a final uen é escrita simplesmente como un, com marcadores colocados em cima da voal u, como em kǔn.

Rules of tone marking

The four tones of Chinese (the first, second, third and fourth tone) are represented by ‾, ˊ, ˇ and ˋ respectively. Neutral tones are not marked. The tone is marked above the main vowel of a final.

Please note that compound finals iou, uei, and uen should be simplified into iu, ui and un after an initial is added to them. The rules for tone marking over them are as follows:

(1) When iou is simplified into iu after an initial is added, the tone is marked above u, such as qiū.

(2) When uei is simplified into ui after an initial is added, the tone is marked above i, such as guì.

(3) When uen is simplified into un after an initial is added, the tone is marked above u, such as kǔn.

❸ 儿化韵

其他韵母和 er 缩合成一个儿化的韵母，叫儿化韵。儿化韵的写法是在原韵母之后加 r，汉字的写法是在原汉字之后加一个"儿"字（有的词也可以省去不写）。例如：

huār（花儿）

wánr（玩）

nǎr（哪儿）

huàr（画）

Finais com retroflexo

As sílabas finais poderão tornar-se retroflexas quando combinadas com a sílaba er. Uma sílaba final retroflexa é representada em *pinyin* pela colocação da letra r no final da última sílaba. No sistema escrito de caracteres, a sílaba retroflexa é representada com a partícula 儿, que poderá ser também omissa. Por exemplo:

huār（花儿）

wánr（玩）

nǎr（哪儿）

huàr（画）

Retroflexed final er

When the syllable er is attached to a final, the result is often a retroflexed final. In *pinyin* writing, a retroflexed final usually appears in the form of final+r. In Chinese character writing, this results in original character + 儿. Sometimes, however, 儿 does not appear in character writing. For example:

huār（花儿）

wánr（玩）

nǎr（哪儿）

huàr（画）

国际汉语教程（初级篇）

汉字知识
Conhecimentos sobre caracteres chineses
Knowledge about Chinese characters

常见汉字偏旁（四）
Radicais dos caracteres chineses frequentemente usados (4)
Frequently used radicals of Chinese characters (4)

偏旁 Radicais Radicals	名称 Nomes Names	意义 Significado dos radicais Meanings of the radicals	例字 Exemplos Examples
木	木字旁 Lateral de madeira Wood	多和树木、木材有关，常出现在字的左边和下边。 Normalmente ligado a árvores, madeira. Colocado frequentemente à esquerda ou por baixo. Usually related to trees or wood. Often written as the left side or the bottom of a character.	树、桌、杯
口	口字旁 Lateral de boca Mouth	多与嘴有关，出现在字的左侧时写得较小。 Normalmente ligado à boca. Quando se coloca à esquerda, escreve-se em tamanho menor. Usually related to mouth. When appearing as the left side of a character, it is written smaller than when it is at the bottom.	吃、吗、告
疒	病字头 Cabeça de doença Illness	多和疾病有关。 Normalmente ligado a doenças. Usually related to illness.	病、疾、疼
忄	竖心旁 Lateral de coração Heart (a variant form of 心)	是"心"的竖写变形，出现在字的左边，多与心理感受有关。 Forma variada e vertical de 心. Escreve-se frequentemente à esquerda. Normalmente ligado a sentimentos psicológicos. As a variant form of 心, it is written as the left side of characters describing psychological activities.	慢、忙、快
宀	宝盖头 Cabeça de tesouro House	一般与房屋有关。 Normalmente ligado a casas. Usually related to houses.	家、室、富
竹	竹字头 Cabeça de bambu Bamboo	一般和竹子有关。 Normalmente ligado a bambu. Usually related to bamboo.	筷、笔、签

中华文化知识

Conhecimentos culturais chineses
Chinese cultural knowledge

八大菜系

中国被称为"烹饪王国",全国各地由于气候、地理、历史、物产及饮食风俗的不同,在选料、切配、烹饪等技艺方面,形成了自成体系、具有鲜明地方风味特色的菜肴流派,其中最有影响和代表性、也为社会所公认的有"八大菜系"——鲁菜、川菜、粤菜、苏菜、浙菜、闽菜、湘菜、徽菜。

"八大菜系"是针对中国汉族饮食而言,是在漫长的历史演变中形成的。中国饮食很早就表现出南方和北方的差异,宋代时北咸南甜的格局基本形成。清代初期时,川菜、鲁菜、粤菜、苏菜(当时称作淮扬菜)成为当时最有影响的地方菜,被称作"四大菜系"。到清末时,又加入浙菜、闽菜、湘菜、徽菜四大新地方菜系,共同构成"八大菜系"。八大菜系的菜肴口味各有千秋。随着饮食文化的日益发展,许多地区竞相推出自己的特色菜肴和烹饪技艺,出现了更多菜系,八大菜系外,经常被提及的还有东北菜(东北)、赣菜(江西)、京菜(北京)、津菜(天津),豫菜(河南)、冀菜(河北)、鄂菜(湖北)、本帮菜(上海)、客家菜、清真菜等地方特色菜系,共同构成了色、香、味、形俱佳的中国饮食文化大观。

八大菜系的菜肴口味各有千秋,各自的特色见下表:

菜系	主要风味
鲁菜	咸香
川菜	麻辣
苏菜	甜而有黄酒味
粤菜	味鲜、清淡,重原汁原味
闽菜	咸甜(南部)或香辣(北部)
浙菜	鲜甜而有黄酒、荤油味
湘菜	辣、用腊味
徽菜	酱香味浓

国际汉语教程（初级篇）

徽菜　苏菜　浙菜　闽菜　粤菜　湘菜　川菜　鲁菜

Oito variedades da culinária chinesa

Na China, país designado de "Reino da Culinária", desenvolveram-se, sob a influência da diversificação do clima, da geografia, da história, dos produtos e dos costumes gastronómicos, estilos distintos de culinária com características locais na preparação de ingredientes e modos de preparo, entre os quais se distinguem as oito variedades mais representativas e comummente reconhecidas: Lu(Shandong), Chuan(Sichuan), Yue(Cantão), Su(Jiangsu), Zhe(Zhejiang), Min(Fujian), Xiang(Hunan) e Hui(Anhui).

Desenvolvem-se, ao longo da história, as oito variedades, que revelam os costumes culinários e gastronómicos da etnia Han. A diferença do sabor entre o Norte e o Sul remonta a tempos antigos, tendo, por exemplo, começado a surgir gradualmente já na Dinastia Song (960–1279), a apreciação culinária "salgado no norte e doce no sul". Em princípios da Dinastia Qing (1636–1911), as designações Chuan(Sichuan), Lu(Shandong), Yue(Cantão), Su(Jiangsu, também designada Huaiyang) começaram a ser mais populares e influentes na gastronomia chinesa e intituladas "as quatro variedades culinárias". Em finais da Dinastia Qing, acrescentaram-se mais quatros variedades locais Zhe(Zhejiang), Min(Fujian), Xiang(Hunan) e Hui(Anhui), formando, assim, "as oito variedades da culinária chinesa". Cada uma das oito variedades culinárias tem o seu sabor prototípico. Com o constante desenvolvimento da cultura gastronómica chinesa, muitas províncias e regiões apresentaram os seus pratos típicos e os modos de preparo singulares. A partir daí, surgem, a par das principais oito variedades, outros estilos, entre os quais os mais referidos são os seguintes: Nordeste (região nordeste do país), Gan (Jiangxi), Jing(Beijing), Jin(Tianjin), Yu(Henan), Ji(Hebei), E(Hubei), Benbang(Shanghai), Hakka e Muçulmano. A diversificação nos costumes gastronómicos e nos modos de preparo contribuem para o actual quadro culinário caracterizado pela combinação de cores, aromas, sabores e distintas formas de apresentação.

As oito variedades culinárias têm o seu sabor prototípico apresentando as seguintes características no quadro abaixo:

Variedades	Sabores principais
Lu	salgado e aromático
Chuan	picante que entorpece a língua
Su	doce e integrado com o teor de vinho de arroz
Yue	fresco, leve e com o sabor original da comida
Min	salgado, doce (região sul) e picante (norte)
Zhe	fresco, doce, gordurosoe aromatizado com vinho de arroz
Xiang	picante, sabor de carne ou peixe curado
Hui	fortemente temperado com o molho de soja

Chinese food culture: the 8 cuisines

China is well known as the Kingdom of Cooking. Due to the regional varieties and differences in climate, geography, history, produce, and cooking customs, many regions have their own styles in cooking materials selection, ingredients mixing, and cooking techniques, often each carrying a strong local flavour. The most representative and influential Chinese cooking styles are the widely recognized eight major regional styles of Lu (Shandong), Chuan (Sichuan), Yue (Cantonese), Su (Jiangsu), Zhe (Zhejiang), Min (Fujian), Xiang (Hunan), and Hui (Anhui).

The eight culinary styles that represent the cooking and eating customs of the Han nationality were formed gradually. The different tastes of China's north and south appeared a long time ago. During the Song Dynasty (960–1279), the culinary patterns of the "salty north and sweet south" began to take shape. At the beginning of the Qing Dynasty (1636–1911), Sichuan cuisine, Shandong cuisine, Cantonese cuisine and Jiangsu cuisine (then termed Huaiyang cuisine) became the most influential local cooking styles and they were then called "the four cusines". At the end of the Qing Dynasty, another four local culinary styles, namely, Zhejiang, Fujian, Hunan and Anhui, were added to complete "the eight cusines". Each of the eight culinary styles has its own features. With further development of Chinese food culture, different provinces and regions have promoted their unique cooking techniques and cuisine. Hence, in addition to the above mentioned eight culinary styles, some others are often mentioned, including the Northeastern, Jiangxi, Beijing, Tianjin, Henan, Hebei, Hubei, Shanghai, Hakka and Muslim culinary styles. All of these different cooking styles and techniques have contributed to the grand Chinese food culture that features colours, aromas, tastes and presentations.

The eight culinary styles are distinguished by their own uniqueness, which are shown in the table below:

Cusines	Main flavours
Lu (Shandong)	Salty but aromatic
Chuan (Sichuan)	Spicy and tongue-numbing
Su (Jiangsu)	Sweet and flavoured with cooking wine
Yue (Cantonese)	Fresh and light, with the original taste and flavour of ingredients preserved
Min (Fujian)	Salty and sweet (south of Fujian) or spicy (north of Fujian)
Zhe (Zhejiang)	Fresh, sweet, greasy and flavored with cooking wine
Xiang (Hunan)	Spicy and use of preserved meat
Hui (Anhui)	Strongly flavoured with soy sauce

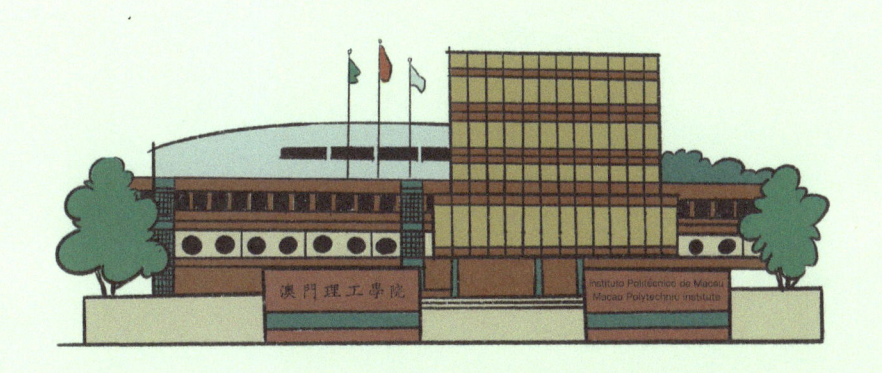

第九课　澳门的天气怎么样？

Lição 9　Como é o clima de Macau?

Lesson 9　What is the weather like in Macao?

国际汉语教程（初级篇）

课文 Texto / Text

澳门的天气怎么样？
Como é o clima de Macau?
What is the weather like in Macao?

杨老师：安梅兰同学，你觉得澳门的天气怎么样？
Yáng lǎoshī: Ān Méilán tóngxué, nǐ juéde Àomén de tiānqì zěnmeyàng?

安梅兰：澳门的夏天又热又潮湿，我觉得太不舒服了。莫斯科的夏天比澳门凉爽。
Ān Méilán: Àomén de xiàtiān yòu rè yòu cháoshī, wǒ juéde tài bù shūfu le. Mòsīkē de xiàtiān bǐ Àomén liángshuǎng.

何爱丽：杨老师，澳门的冬天冷吗？会下雪吗？
Hé Àilì: Yáng lǎoshī, Àomén de dōngtiān lěng ma? Huì xiàxuě ma?

杨老师：不冷，不会下雪。
Yáng lǎoshī: Bù lěng, bù huì xiàxuě.

安梅兰：杨老师，澳门什么时候天气最好？
Ān Méilán: Yáng lǎoshī, Àomén shénme shíhou tiānqì zuì hǎo?

杨老师：应该是十月和十一月。十一月更好。
Yáng lǎoshī: Yīnggāi shì Shíyuè hé Shíyīyuè. Shíyīyuè gèng hǎo.

何爱丽：杨老师，您是北京人，北京的冬天怎么样？
Hé Àilì: Yáng lǎoshī, nín shì Běijīngrén, Běijīng de dōngtiān zěnmeyàng?

杨老师：北京的冬天很冷，很干燥，不过室内不冷，有暖气。
Yáng lǎoshī: Běijīng de dōngtiān hěn lěng, hěn gānzào, bùguò shìnèi bù lěng, yǒu nuǎnqì.

何爱丽：很冷？那应该会下雪吧？
Hé Àilì: Hěn lěng? Nà yīnggāi huì xiàxuě ba?

杨老师：每年都会下雪。下雪以后的故宫、长城、颐和园特别漂亮。
Yáng lǎoshī: Měi nián dōu huì xiàxuě. Xiàxuě yǐhòu de Gù Gōng, Chángchéng, Yíhé Yuán tèbié piàoliang!

何爱丽：啊，那太好了！圣诞节我要去北京看雪！
Hé Àilì: Ā, nà tài hǎo le! Shèngdànjié wǒ yào qù Běijīng kàn xuě!

刘大江：下周末我想去广州看一个中学同学。广州的天气怎么样？
Liú Dàjiāng: Xiàzhōumò wǒ xiǎng qù Guǎngzhōu kàn yī gè zhōngxué tóngxué. Guǎngzhōu

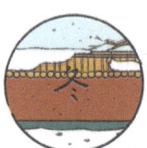

· 162 ·

de tiānqì zěnmeyàng?

李嘉玲：广州的天气跟澳门差不多，夏天也是又潮又热。南京呢？

Lǐ Jiālíng: Guǎngzhōu de tiānqì gēn Àomén chàbuduō, xiàtiān yě shì yòu cháo yòu rè. Nánjīng ne?

刘大江：南京的春天和秋天都非常美，不过千万不要夏天去，那儿比澳门更热。

Liú Dàjiāng: Nánjīng de chūntiān hé qiūtiān dōu fēicháng měi, bùguò qiānwàn bùyào xiàtiān qù, nàr bǐ Àomén gèng rè.

李嘉玲：听说武汉的夏天也很热。

Lǐ Jiālíng: Tīngshuō Wǔhàn de xiàtiān yě hěn rè.

刘大江：其实长江边上的重庆、武汉、南昌、南京都差不多，是著名的"四大火炉"。上海、杭州也越来越热了，将来说不定要有"六大火炉"了。

Liú Dàjiāng: Qíshí Chángjiāng biānshang de Chóngqìng, Wǔhàn, Nánchāng, Nánjīng dōu chàbuduō, shì zhùmíng de "sì dà huǒlú". Shànghǎi, Hángzhōu yě yuèláiyuè rè le, jiānglái shuōbudìng yào yǒu "liù dà huǒlú" le.

澳門的天氣怎麼樣？

楊老師：安梅蘭同學，你覺得澳門的天氣怎麼樣？

安梅蘭：澳門的夏天又熱又潮濕，我覺得太不舒服了。莫斯科的夏天比澳門涼爽。

何愛麗：楊老師，澳門的冬天冷嗎？會下雪嗎？

楊老師：不冷，不會下雪。

安梅蘭：楊老師，澳門什麼時候天氣最好？

楊老師：應該是十月和十一月。十一月更好。

何愛麗：楊老師，您是北京人，北京的冬天怎麼樣？

楊老師：北京的冬天很冷，很乾燥，不過室內不冷，有暖氣。

何愛麗：很冷？那應該會下雪吧？

楊老師：每年都會下雪。下雪以後的故宮、長城、頤和園特別漂亮。

何愛麗：啊，那太好了！聖誕節我要去北京看雪！

国际汉语教程（初级篇）

劉大江：下周末我想去廣州看一個中學同學。廣州的天氣怎麼樣？
李嘉玲：廣州的天氣跟澳門差不多，夏天也是又潮又熱。南京呢？
劉大江：南京的春天和秋天都非常美，不過千萬不要夏天去，那兒比澳門更熱。
李嘉玲：聽說武漢的夏天也很熱。
劉大江：其實長江邊上的重慶、武漢、南昌、南京都差不多，是著名的"四大火爐"。上海、杭州也越來越熱了，將來說不定要有"六大火爐"了。

生词 Vocabulário / New words

天气	天氣	tiānqì	名	N	clima, tempo	weather
怎么样	怎麼樣	zěnmeyàng	代	Pron	como	how
夏天		xiàtiān	名	N	Verão	summer
又……又……		yòu...yòu...			não só... mas também	not only...but also...
热	熱	rè	形	Adj	quente	hot
潮湿	潮濕	cháoshī	形	Adj	húmido	humid
舒服		shūfu	形	Adj	confortável	comfortable
比		bǐ	介	Prep	do que	than
凉爽		liángshuǎng	形	Adj	fresco	cool
冬天		dōngtiān	名	N	Inverno	winter
冷		lěng	形	Adj	frio	cold
下雪		xiàxuě	动	V	nevar	to snow
会	會	huì	情动	MV	poder	will, to be going to
时候	時候	shíhou	名	N	tempo	time
最		zuì	副	Adv	mais	most
应该	應該	yīnggāi	情动	MV	dever	should
更		gèng	副	Adv	o mais	more
干燥	乾燥	gānzào	形	Adj	seco	dry
室内		shìnèi	名	N	interior de residência, escritório...	indoors

· 164 ·

暖气	暖氣	nuǎnqì	名	N	aquecimento	heater, heating
啊		ā	叹	Int	partícula de exclamação	exclamation particle
那		nà	连	Conj	então	then
圣诞节	聖誕節	Shèngdànjié	名	N	Natal	Christmas
雪		xuě	名	N	neve	snow
看		kàn	动	V	visitar	to visit
跟		gēn	介	Prep	como	(compared) with
差不多		chàbuduō	形	Adj	quase	almost (the same), nearly
潮		cháo	形	Adj	húmido	humid
春天		chūntiān	名	N	Primavera	spring
秋天		qiūtiān	名	N	Outono	autumn
美		měi	形	Adj	lindo, belo	beautiful
千万	千萬	qiānwàn	副	Adv	dever, haver-de	must (not)
不要		bùyào	副	Adv	não (fazer)	don't, must not
其实	其實	qíshí	副	Adv	na verdade, de facto	in fact, acctually
边上	邊上	biānshang	名	N	lado	side
著名		zhùmíng	形	Adj	o famoso	famous
越来越	越來越	yuèláiyuè			cada vez mais	more and more
将来	將來	jiānglái	名	N	futuro	future
说不定	説不定	shuōbudìng	副	Adv	talvez, se calhar	maybe, perhaps

专有名词 / Nomes próprios / Proper nouns

故宫			o Palácio Imperial (o Palácio Museu)	The Imperial Palace, The Palace Museum
长城	長城		a Grande Muralha	The Great Wall
颐和园	頤和園		o Palácio de Verão	The Summer Palace
武汉	武漢		Wuhan	Wuhan

国际汉语教程（初级篇）

长江	長江	o Rio Changjiang	The Changjiang River
重庆	重慶	Chongqing	Chongqing
南昌		Nanchang	Nanchang
四大火炉	四大火爐	os Quatro Fornos	The Four Furnaces
上海		Shanghai	Shanghai
杭州		Hangzhou	Hangzhou

注释　Notas / Notes

"四大火炉"

指中国长江流域夏天最热的四个城市：重庆、武汉、南昌、南京。"火炉"是夸张的说法，形容它们热得像火炉一样。

"Quatro Fornos"

São as quatro cidades em que faz mais calor no Verão nas margens do Rio Changjiang: Chongqing, Wuhan, Nanchang e Nanjing. São designadas metaforicamente como "fornos" pelo calor extremo e exagerado que se sente nestas quatro cidades.

"The Four Furnaces"

The Four Furnaces refer to the four Chinese cities that are hottest in summer, namely, Chongqing, Wuhan, Nanchang and Nanjing, all along the Changjiang River. Here the word "furnace" is used metaphorically and exaggeratedly to indicate that the four cities are as hot as a furnace in summer.

词句解释　Notas explicativas sobre frases / Explanatory notes on phrases and sentences

❶ 应该是十月和十一月

"应该"表示根据推理认为情况按道理是这样的，句末常带有"吧"，增强猜测和委婉的语气。例如：

他应该是学校的老师吧。
你应该喜欢足球吧。
那应该会下雪吧。

Deve ser em Outubro ou Novembro

应该 (yīnggāi: dever) é expressão usada para fazer uma afirmação ou uma inferência. Usa-se sempre em conjunto com a partícula 吧 (ba), que aparece no final de uma frase para acentuar a suposição ou expressar a cortesia. Por exemplo:

他应该是学校的老师吧。
你应该喜欢足球吧。
那应该会下雪吧。

It should be October and November

应该 (yīnggāi: should) is used to indicate one's judgment or speculation about something. A sentence-final 吧 (ba) often appears in a sentence with 应该 to strengthen the speculation or indirectness. For example:

他应该是学校的老师吧。
你应该喜欢足球吧。
那应该会下雪吧。

❷ 将来说不定要有"六大火炉"了

（1）"说不定"是副词，表示可能，可直接放在要修饰的动词或形容词前面，也可以放在句首。例如：

明天说不定很冷。
他说不定喜欢你。
说不定她会说葡萄牙语。

（2）"六大火炉"

是对"四大火炉"的戏仿说法，指在原有的四大最热的城市之外再加上上海和杭州。

No futuro talvez sejam "Seis Fornos"

(1) 说不定 (shuōbudìng: tal vez) serve como um advérbio na frase e indica a possibilidade. Usa-se directamente à esquerda de um verbo, adjectivo ou no início de uma frase. Por exemplo:

明天说不定很冷。
他说不定喜欢你。

说不定她会说葡萄牙语。

(2) "Seis Fornos"

"Seis Fornos" é uma expressão divertida criada a partir da expressão "Quatro Fornos". Para além das quatros cidades com mais calor acima referidas, acrescentam-se mais duas cidades: Shanghai e Hangzhou.

In the future there may be "Six Furnaces"

(1) 说不定 (shuōbudìng: maybe) is an adverb that indicates probability or possibility. It appears either immediately before a verb or an adjective, or at the sentence-initial position. For example:

明天说不定很冷。

他说不定喜欢你。

说不定她会说葡萄牙语。

(2) "The Six Furnaces"

The phrase "Six Furnaces" is a joking allusion to the "Four Furnaces", specifically including two other hot cities in summer along the Changjiang River, namely Shanghai and Hangzhou.

语法 Gramática / Grammar

❶ 情态动词"会"（二）

"会"表示事情发生、实现或存在的可能性。例如：

这个周末我会去看电影。

冬天会下雪。

我爸爸现在不会在澳门。

Verbo modal 会 (2)

O verbo modal 会 (huì: poder) indica a possibilidade da realização de uma acção. Por exemplo:

这个周末我会去看电影。

冬天会下雪。

我爸爸现在不会在澳门。

The modal verb 会 (2)

会 (huì: will) is a modal verb, indicating the possibility or prediction of an event that can happen or should have happened. For example:

这个周末我会去看电影。

冬天会下雪。

我爸爸现在不会在澳门。

❷ 疑问代词"怎么样"构成的疑问句

"怎么样"是疑问代词，用来询问人、物的状况或事情进展的状况，也可简化为"怎样"。例如：

澳门的天气怎样？

你的工作怎么样？

昨天晚上的演出怎么样？

Interrogativas parciais com 怎么样

怎么样 (zěnmeyàng: como...) é pronome interrogativo. É empregado como predicado numa interrogativa parcial para perguntar a natureza, a circunstância e o modo. É também abreviado como 怎样 (zěnyàng). Por exemplo:

澳门的天气怎样？

你的工作怎么样？

昨天晚上的演出怎么样？

Interrogative sentences with the interrogative pronoun 怎么样

怎么样 (zěnmeyàng: how) is an interrogative pronoun used as the predicate in a sentence to form a special interrogative sentence, asking about the current or developing state of things or people. It can also be shortened as 怎样 (zěnyàng). For example:

澳门的天气怎样？

你的工作怎么样？

昨天晚上的演出怎么样？

❸ "比"字句（一）

"比"字句的基本结构为：A"比"B+形容词。用来比较两个人或事物在性状或程度上的差别。例如：

冬天比秋天冷。

莫斯科比澳门凉爽。
广州比澳门大。
也可以在形容词前加上"更",表示性状或程度超出了预期。例如:
南京的夏天比澳门的夏天更热。
妈妈比爸爸更忙。

Frases com 比 (1)

As frases com 比 (bǐ: do que) têm a seguinte estrutura:

A 比 B+Adjectivo

A estrutura serve para fazer uma comparação, indicando as diferenças entre duas pessoas ou dois objectos em termos de estado ou grau. Por exemplo:

冬天比秋天冷。
莫斯科比澳门凉爽。
广州比澳门大。

Pode acrescentar-se 更 (gèng: mais) à esquerda do adjectivo para revelar o facto de o estado ou o grau ir além das expectativas. Por exemplo:

南京的夏天比澳门的夏天更热。
妈妈比爸爸更忙。

The 比 sentences (1)

The basic structure of a 比 (bǐ: than) sentence is:

A 比 B+Adjective

which compares two things or two people in terms of the state or degree. For example:

冬天比秋天冷。
莫斯科比澳门凉爽。
广州比澳门大。

The adverb 更 (gèng: more) can be added before the adjective to express a strengthened comparison that goes beyond the presumed state or degree. For example:

南京的夏天比澳门的夏天更热。
妈妈比爸爸更忙。

❹ 要……了

"要……了"用来表示根据情况推断某事即将发生,前面可以加时间状语。例如:
现在差两分九点,要上课了。

我们要毕业了。

明天说不定要下雪了。

要……了 (yào...le) é expressão usada para indicar uma previsão de algo que pode acontecer no futuro. Poderá ser antecedida de adverbiais temporais. Por exemplo:

现在差两分九点，要上课了。

我们要毕业了。

明天说不定要下雪了。

要……了 (yào...le) is used to indicate speculation about something that may happen in the future. A temporal adverbial may be added before this structure. For example:

现在差两分九点，要上课了。

我们要毕业了。

明天说不定要下雪了。

语音知识　Fonética / Phonetic knowledge

叹词"啊"的发音

（1）表达惊异或赞叹的感情时，读一声。例如：

啊（ā），下大雪了！

啊（ā），今天的天气真不错！

（2）表示疑问或反问时，读二声。例如：

啊（á）？你说什么？

啊（á）？今天不上课？

（3）表示惊疑时，读三声。例如：

啊（ǎ）？这个星期天要上课？

啊（ǎ）？现在六点了？

（4）表达应诺（音较短）、赞叹或惊异时，读四声。例如：

啊（à），我不能去，太遗憾了！

啊（à），我知道了！

Pronúncias da interjeição 啊

(1) Leia o primeiro som ao expressar sentimentos de espanto ou admiração (ā). Por exemplo:

啊（ā），下大雪了！

啊（ā），今天的天气真不错！

(2) Ao indicar uma pergunta complementar, leia o segundo som (á). Por exemplo:

啊（á）？你说什么？

啊（á）？今天不上课？

(3) Ao expressar surpresa com a pergunta, leia o terceiro tom (ǎ). Por exemplo:

啊（ǎ）？这个星期天要上课？

啊（ǎ）？现在六点了？

(4) Pronunciar o quarto som ao expressar uma promessa (um som curto), exclamação ou surpresa (à). Por exemplo:

啊（à），我不能去，太遗憾了！

啊（à），我知道了！

Pronunciation of the interjection 啊

(1) When it is used to express amazment or admiration, the tone remains the first. For example:

啊（ā），下大雪了！

啊（ā），今天的天气真不错！

(2) When it is used to express doubts or rehtorical questions, the tone is changed into the second. For example:

啊（á）？你说什么？

啊（á）？今天不上课？

(3) When it is used to indicate surprise or bewilderment, the tone is changed into the third. For example:

啊（ǎ）？这个星期天要上课？

啊（ǎ）？现在六点了？

(4) When it is used to indicate assent (when pronounced short and quick), acclamation or shock, the tone is changed into the fourth. For example:

啊（à），我不能去，太遗憾了！

啊（à），我知道了！

| 第九课 |

汉字知识
Conhecimentos sobre caracteres chineses
Knowledge about Chinese characters

象形字

　　象形是通过描绘物体的形象来表示字义,是汉字的"六书"之一,也是最原始的造字法。用这种方法所造的字叫作象形字。作为一种书写符号,象形字脱胎于图画,但又与图画有着本质的不同。

　　象形字大多是独体字,是构成其他汉字的基础,但用象形法造字,局限性很大,因为有些复杂的事物和抽象的概念是很难画出来的。因此,后来又在象形字的基础上产生了会意、指事、形声等其他的造字方法。

　　象形字为数不多,《说文解字》里只有264个。汉代以后,一千多年来只造了"伞、凹、凸"等少数象形字。后来的合体字有相当一部分是用象形字构成的。例如:"人"是"你、们、企"等字的构字成分,"贝"是"财、贸、狈"等字的构字成分,"马"是"驴、驾、妈、骂"等字的构字成分。因此,从字源上了解象形字的形、义、音,可以帮助我们掌握一大批现代通用汉字的字义和读音。

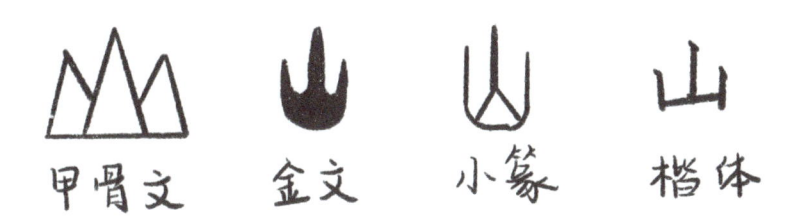

甲骨文　　金文　　小篆　　楷体

Caracteres pictográficos

Sendo um dos "Seis Métodos de Escrita" de caracteres chineses e um método primitivo de composição de caracteres, a pictografia demonstra o significado dos caracteres através da descrição da natureza e do aspecto dos objectos. Os caracteres pictográficos têm origem em desenhos, mas são essencialmente diferentes dos desenhos.

Os caracteres pictográficos são simples, compostos por um componente só e servem como a base para a formação de outros caracteres. Trata-se de um método muito limitado porque não se desenham com muita facilidade objectos complexos e conceitos abstractos. Tendo por base a pictografia, surgem outros métodos de composição de caracteres, como, por exemplo, os caracteres associativos, os ideográficos e os picto-fonéticos.

O número de caracteres pictográficos é limitado, registando-se apenas 264 caracteres pictográficos no dicionário *Shuowen Jiezi* (Comentário de Caracteres Simples e Explicação de Caracteres Compostos), elaborado na Dinastia Han. A partir da Dinastia Han, foram criados durante mais de mil anos poucos caracteres pictográficos, como 伞 (sǎn: guarda-chuva), 凹 (āo: côncavo), e 凸 (tū: convexo). No entanto, foram criados muitos caracteres compostos tendo por base os caracteres pictográficos. Por exemplo, encontra-se 人 (rén: pessoa)como um componente em caracteres tais como 你 (nǐ: você), 们 (men: marcador plural para as pessoas) e 企 (qǐ: de pé), 贝 (bèi: concha) em caracteres tais como 财 (cái: riqueza), 贸 (mào: comércio) e 狈 (bèi: chacal), e 马 (mǎ: cavalo) em caracteres como 驴 (lǘ: asno), 驾 (jià: conduzir), 妈 (mā: mamã) e 骂 (mà: amaldiçoar). Portanto, a origem de caracteres pictográficos, nomeadamente a sua composição, o seu significado e a sua pronúncia, permite perceber a pronúncia e o significado de um elevado número de caracteres comummente utilizados hoje em dia.

Pictographic characters

Pictography is one of the six techniques and the most primitive method in Chinese character creation. The characters thus formed often carry strong visual iconicity to its referents, therefore are also known as pictographic characters. Although pictographic characters originated from pictures, they nevertheless often ended up in such forms that are quite distant from the original pictures.

Most of the pictographic characters are single-component characters and can function as the basic components to make other characters. However, pictography has only limited power in character creation as many complicated objects and abstract ideas cannot be drawn as pictures. Later on, based on pictographic characters, the Chinese people developed other character creation techniques, resulting in ideographics, associatives, pictophonetics, and others.

The number of pictographic characters is very limited. According to *Shuowen Jiezi* (*Interpretation of Words*), a book written by Xu Shen (about 58–147 AD) during the Eastern Han Dynasty (25–220 AD), there were only 264 pictographic characters. For about 1,800 years since then, only a few pictographic characters, such as 伞 (sǎn: umbrella), 凹 (āo: concave) and 凸 (tū: convex), have emerged. Yet, many multi-component characters were created on the basis of existing pictographic characters. For example, 人 (rén: person) has become a component for characters such as 你 (nǐ: you), 们 (men: plural marker for people) and 企 (qǐ: standing on toes); 贝 (bèi: shell) for characters such as 财 (cái: treasure), 贸 (mào: trade) and 狈 (bèi: jackal); 马 (mǎ: horse) for characters such as 驴 (lǘ: donky), 驾 (jià: ride), 妈 (mā: mother) and 骂 (mà: curse). Therefore, an etymological understanding of the shape, meaning and sound of a pictographic characters can help us grasp the meanings and pronunciations of a great number of Chinese characters commonly used nowadays.

中华文化知识
Conhecimentos culturais chineses
Chinese cultural knowledge

二十四节气

二十四节气指二十四个表示季节变迁的特定节令，是中国古代定立的一种用来指导农事的历法，是中国古代汉族劳动人民长期经验的积累和智慧的结晶。

中国农历是根据太阳和月亮的运行制定的"阴阳合历"，不能完全反映太阳运行周期，但中国古代需要依据太阳运行情况进行农事，因此在历法中又加入了单独反映太阳运行周期的"二十四节气"，用作确定闰月的标准。太阳从黄经0度起，沿黄经每运行15度所经历的时日称为"一个节气"。每年运行360度，共经历24个节气，每月2个。按照时间顺序，依次为：立春、雨水、惊蛰、春分、清明、谷雨、立夏、小满、芒种、夏至、小暑、大暑、立秋、处暑、白露、秋分、寒露、霜降、立冬、小雪、大雪、冬至、小寒、大寒。每个节气历时15天。二十四节气反映了太阳的周年视运动，所以节气在现行的公历中日期基本固定，上半年在6日、21日，下半年在8日、23日，前后不差1~2天。由于历史上中国的主要政治、经济、文化、农业活动中心多集中在黄河流域中原地区，二十四节气就以这一带的气候、物候为依据而设立，其名称即是对一年中的气温、降水、水汽凝结、作物成熟等物候特征的描绘，用语凝练而富有诗意。秦汉年间，二十四节气已完全确立。随着中国历法的外传，二十四节气古时已流传到世界许多地方。

国际汉语教程（初级篇）

二十四节气详情表

季节	月份	节气	日期
春季	二月	立春	2月3～5日
		雨水	2月18～20日
	三月	惊蛰	3月5～7日
		春分	3月20～21日
	四月	清明	4月4～6日
		谷雨	4月19～21日

夏季	五月	立夏	5月5～7日
		小满	5月20～22日
	六月	芒种	6月5～7日
		夏至	6月21～22日
	七月	小暑	7月6～8日
		大暑	7月22～24日
秋季	八月	立秋	8月7～9日
		处暑	8月22～24日
	九月	白露	9月7～9日
		秋分	9月22～24日
	十月	寒露	10月7～9日
		霜降	10月23～24日
冬季	十一月	立冬	11月7～8日
		小雪	11月22～23日
	十二月	大雪	12月6～8日
		冬至	12月21～23日
	一月	小寒	1月5～7日
		大寒	1月20～21日

Os 24 períodos solares
(divisões sazonais no calendário solar)

Os 24 períodos solares, divisões estacionais estabelecidas de acordo com o calendário solar, são criados na China antiga com o objectivo de orientar a agricultura. Este sistema revelou a experiência acumulada a longo prazo e a sabedoria do antigo povo da Etnia Han.

O calendário agrícola chinês tradicional, calendário lunissolar combinado baseado no movimento do Sol e da Lua, não reflecte, no entanto, o ciclo completo do movimento do Sol, que é fundamental para as actividades agrícolas. Deste modo, introduziu-se no calendário tradicional a divisão de períodos solares que revelam o movimento cíclico do Sol e que são também a base da definição de anos bissextos. Na perspectiva da Terra, o Sol gira, durante um ano, na esfera celestial, numa pista conhecida como Eclíptica, dividida em 360 graus de longitude. Há 24 termos solares num ano, 2 em cada mês. Em ordem cronológica, são: Início da Primavera, Chuvas de Primavera, Despertar dos insectos, Equinócio da Primavera, Brilho e limpidez, Chuva de milho, Início do Verão, Formação do milho, Milho em espiga, Solstício de Verão, Calor moderado, Calor grande, Início do Outono, Fim do calor, Orvalho branco, Equinócio de Outono, Orvalho frio, Primeira geada, Início do Inverno, Neve leve, Neve pesada e Solstício de Inverno, Frio moderado, Frio grande. Cada estação dura 15 dias. Sendo definidos de acordo com o movimento cíclico do Sol, os 24 períodos solares têm início e fim em datas bem fixas, que coincidem com os dias 6 e 21 da primeira metade do ano e os dias 8 e 23 da segunda metade, com uma diferença de apenas um ou dois dias.

Na história da China, os maiores centros históricos, económicos, culturais e agrícolas concentravam-se principalmente na região central alinhada nas margens do Rio Huanghe, daí que a designação dos períodos solares fosse definida de acordo com o clima e a estação de tal região, reflectindo as características naturais, por exemplo, temperatura, precipitação, condensação do vapor de água e cultivo de produtos agrícolas. A designação foi feita através de uma linguagem bem concisa, mas poética. Durante as Dinastias Qin e Han (221 a.C.–220 d.C.), a divisão dos 24 períodos foi completamente definida, e espalhou-se, com a divulgação do tradicional calendário chinês, por muitos lugares do mundo.

Estação	Mês	Período solar	Data
Primavera	Fevereiro	Início da Primavera	Dias 3–5 de Fev.
		Chuvas de Primavera	Dias 18–20 de Fev.
	Março	Despertar dos insectos	Dias 5–7 de Mar.
		Equinócio da Primavera	Dias 20–21 de Mar.
	Abril	Brilho e limpidez	Dias 4–6 de Abr.
		Chuva de milho	Dias 19–21 de Abr.
Verão	Maio	Início do Verão	Dias 5–7 de Mai.
		Formação do milho	Dias 20–22 de Mai.
	Junho	Milho em espiga	Dias 5–7 de Jun.
		Solstício de Verão	Dias 21–22 de Jun.
	Julho	Calor moderado	Dias 6–8 de Jul.
		Calor grande	Dias 22–24 de Jul.

Outono	Agosto	Início do Outono	Dias 7–9 de Ago.
		Fim do calor	Dias 22–24 de Ago.
	Setembro	Orvalho branco	Dias 7–9 de Set.
		Equinócio de Outono	Dias 22–24 de Set.
	Outubro	Orvalho frio	Dias 7–9 de Out.
		Primeira geada	Dias 23–24 de Out.
Inverno	Novembro	Início do Inverno	Dias 7–8 de Nov.
		Neve leve	Dias 22–23 de Nov.
	Dezembro	Neve pesada	Dias 6–8 de Dez.
		Solstício de Inverno	Dias 21–23 de Dez.
	Janeiro	Frio moderado	Dias 5–7 de Jan.
		Frio grande	Dias 20–21 de Jan.

The 24 solar terms (seasonal division points)

The twenty four solar terms, which have served as a supplementary calendar, are the seasonal division points designated in ancient China to guide agriculture. This system represents a long-term accumulation of experience and the wisdom of the ancient Chinese Han nationality.

The Chinese Lunar Calendar is an integrated lunisolar calendar based on the movement of both the Moon and the Sun, but it does not completely reflect the movement cycle of the Sun. It, nevertheless, had to be followed by agricultural activities in ancient China. Consequently, a system of the twenty four solar terms that directly demonstrates the movement of the Sun was included in the Lunisolar Calendar as the basis for a leap year. From the Earth's perspective, the Sun moves through the year across the stars or the celestial sphere along a path known as the ecliptic, covering a 360 degrees longitude. The twenty four solar terms divide the ecliptic into twenty four equal segments, with fifteen degrees of the Sun's longitude each, resulting in two solar terms in every month. In chronological order, they are: Spring Commences, Spring Showers, Awakening of Insects, Vernal Equinox, Clear and Bright, Grain Rain, Summer Commences, Grain Buds, Grain in Ear, Summer Solstice, Moderate Heat, Great Heat, Autumn Commences, End of Heat, White Dew, Autumn Equinox, Cold Dew, Frost's Descent, Winter Commences, Light Snow, Heavy Snow, Winter Solstice, Moderate Cold and Severe Cold. Each solar term lasts 15 days. The exact dates of these solar terms are basically fixed in the present solar calendar with only one or two days of difference, falling on the 6th and 21st for the first half of each year and the 8th and 23rd of the second half. Historically, the main Chinese political, economic, cultural and agricultural centres were located around the Central China Regions along the Huanghe River, so the twenty four solar terms were established on the basis of the climates and seasons in these regions, reflecting climatically and phenologically temperatures, precipitation, water vaporization and condensation, as well as crops growth. As early as the Qin and Han Dynasties (221 B. C. 220 A. D.), the twenty four solar terms were fully established. With the adoption of the Chinese Lunisolar Calendar by many countries across the world later on, these terms have been spread far and wide.

The details of the twenty four solar terms are presented in the following table:

Seasons	Months	Solar terms	Date
Spring	February	Spring Commences	3rd–5th Feb.
		Spring Showers	18th–20th Feb.
	March	Awakening of Insects	5th–7th Mar.
		Vernal Equinox	20th–21nd Mar.
	April	Clear and Bright	4th–6th Apr.
		Grain Rain	19th–21nd Apr.
Summer	May	Summer Commences	5th–7th May.
		Grain Buds	20th–22nd May.
	June	Grain in Ear	5th–7th Jun.
		Summer Solstice	21st–22nd Jun.
	July	Moderate Heat	6th–8th Jul.
		Great Heat	22nd–24th Jul.
Autumn	August	Autumn Commences	7th–9th Aug.
		End of Heat	22nd–24th Aug.
	September	White Dew	7th–9th Sep.
		Autumn Equinox	22nd–24th Sep.
	October	Cold Dew	7th–9th Oct.
		Frost's Descent	23rd–24th Oct.

Winter	November	Winter Commences	7th–8th Nov.
		Light Snow	22nd–23rd Nov.
	December	Heavy Snow	6th–8th Dec.
		Winter Solstice	21st–23rd Dec.
	January	Moderate Cold	5th–7th Jan.
		Severe Cold	20th–21st Jan.

第十课　你哪儿不舒服？

Lição 10　De que se queixa?

Lesson 10　What's your complaint?

国际汉语教程（初级篇）

课文 / Texto / Text

你哪儿不舒服？ De que se queixa? / What's your complaint?

陈教授：马修文，你的脸色好像不太好。怎么了？
Chén jiàoshòu: Mǎ Xiūwén, nǐ de liǎnsè hǎoxiàng bù tài hǎo. Zěnme le?

马修文：今天早上一起床就觉得有点儿头疼，我想中午回宿舍睡一会儿。
Mǎ Xiūwén: Jīntiān zǎoshang yī qǐchuáng jiù juéde yǒudiǎnr tóuténg, wǒ xiǎng zhōngwǔ huí sùshè shuì yīhuìr.

陈教授：下课后最好去医院看一下，头疼不是小病。
Chén jiàoshòu: Xiàkè hòu zuìhǎo qù yīyuàn kàn yīxià, tóuténg bù shì xiǎo bìng.

罗飞龙：陈教授，下课后我跟马修文一起去医院。
Luó Fēilóng: Chén jiàoshòu, xiàkè hòu wǒ gēn Mǎ Xiūwén yīqǐ qù yīyuàn.

陈教授：你们去山顶医院还是镜湖医院？
Chén jiàoshòu: Nǐmen qù Shāndǐng Yīyuàn háishi Jìnghú Yīyuàn?

马修文：我们去山顶医院，那儿离学校近。
Mǎ Xiūwén: Wǒmen qù Shāndǐng Yīyuàn, nàr lí xuéxiào jìn.

医生：你哪儿不舒服？
Yīshēng: Nǐ nǎr bù shūfu?

马修文：大夫，我头疼。早上有点儿不舒服，现在更厉害了。
Mǎ Xiūwén: Dàifu, wǒ tóuténg. Zǎoshang yǒudiǎnr bù shūfu, xiànzài gèng lìhai le.

医生：发烧吗？
Yīshēng: Fāshāo ma?

马修文：有点儿发烧。
Mǎ Xiūwén: Yǒudiǎnr fāshāo.

医生：好，请你先量一下体温。
三十八度。嗓子疼吗？

· 184 ·

Yīshēng: Hǎo, qǐng nǐ xiān liáng yīxià tǐwēn. Sānshíbā dù. Sǎngzi téng ma?
马修文：也有点儿疼。
Mǎ Xiūwén: Yě yǒudiǎnr téng.
医生：请张一下嘴，我看看。
Yīshēng: Qǐng zhāng yīxià zuǐ, wǒ kànkan.
马修文：啊——
Mǎ Xiūwén: Ā——
医生：嗓子有点儿发炎。你应该是感冒了，不过不太严重。我给你开一些药，都是每天吃两次，每次吃一片。
Yīshēng: Sǎngzi yǒudiǎnr fāyán. Nǐ yīnggāi shì gǎnmào le, bùguò bù tài yánzhòng. Wǒ gěi nǐ kāi yīxiē yào, dōu shì měitiān chī liǎng cì, měi cì chī yī piàn.
马修文：好的。饭前吃还是饭后吃呢？
Mǎ Xiūwén: Hǎode. Fànqián chī háishi fànhòu chī ne?
医生：饭后半小时吃。
Yī shēng: Fànhòu bàn xiǎoshí chī.
马修文：谢谢大夫！
Mǎ Xiūwén: Xièxie dàifu!

你哪兒不舒服？

陳教授：馬修文，你的臉色好像不太好。怎麼了？
馬修文：今天早上一起床就覺得有點兒頭疼，我想中午回宿舍睡一會兒。
陳教授：下課後最好去醫院看一下，頭疼不是小病。
羅飛龍：陳教授，下課後我跟馬修文一起去醫院。
陳教授：你們去山頂醫院還是鏡湖醫院？
馬修文：我們去山頂醫院，那兒離學校近。

醫生：你哪兒不舒服？
馬修文：大夫，我頭疼。早上有點兒不舒服，現在更厲害了。
醫生：發燒嗎？
馬修文：有點兒發燒。
醫生：好，請你先量一下體溫。三十八度。嗓子疼嗎？
馬修文：也有點兒疼。

国际汉语教程（初级篇）

醫生：請張一下嘴，我看看。
馬修文：啊——
醫生：嗓子有點兒發炎。你應該是感冒了，不過不太嚴重。我給你開一些藥，都是每天吃兩次，每次吃一片。
馬修文：好的。飯前吃還是飯後吃呢？
醫生：飯後半小時吃。
馬修文：謝謝大夫！

生词 Vocabulário / New words

脸色	臉色	liǎnsè	名	N	aparência, compleição	look, complexion
好像		hǎoxiàng	副	Adv	parecer	seem
怎么了	怎麼了	zěnme le			o que se passa	what's the matter, what's wrong
一……就……		yī... jiù...			mal..., logo que...	as soon as
有点儿	有點兒	yǒudiǎnr	副	Adv	um pouco	a little
头	頭	tóu	名	N	cabeça	head
疼		téng	形	Adj	dorido	ache
中午		zhōngwǔ	名	N	hora de almoço	noon
回		huí	动	V	voltar	to return, to go back
宿舍		sùshè	名	N	dormitório, residência	dormitory
睡		shuì	动	V	dormir	to sleep
一会儿	一會兒	yīhuìr	名	N	um pouco (de tempo)	a little while
最好		zuìhǎo	副	Adv	ser melhor	had better
看		kàn	动	V	consultar	to see (a doctor)
一下		yīxià	数量	Nu+M	um pouco	for a short while
小		xiǎo	形	Adj	pequeno	small
病		bìng	名	N	doença	disease, illness
还是	還是	háishi	连	Conj	ou	or

· 186 ·

大夫		dàifu	名	N	médico	doctor
厉害	厲害	lìhai	形	Adj	grave	serious
发烧	發燒	fāshāo	动	V	estar com febre	to have a fever
请	請	qǐng	动	V	faz favor	please
先		xiān	副	Adv	primeiro	first
量		liáng	动	V	medir	to measure
体温	體溫	tǐwēn	名	N	temperatura	body temperature
度		dù	量	M	grau	degree
嗓子		sǎngzi	名	N	garganta	throat
张	張	zhāng	动	V	abrir	to open
嘴		zuǐ	名	N	boca	mouth
发炎	發炎	fāyán	动	V	ficar inflamado	to become inflamed, inflamed
感冒		gǎnmào	动	V	apanhar uma constipação, estar constipado	to catch a cold, to have a cold
严重	嚴重	yánzhòng	形	Adj	grave, sério	serious, grave
给	給	gěi	介	Prep	a, para	to, for
开	開	kāi	动	V	receitar	to prescribe
一些		yīxiē	数量	Nu+M	um pouco	some
药	藥	yào	名	N	medicamento	medicine
次		cì	量	M	vez	time
片		piàn	量	M	cartela de comprimidos	slice, tablet, pill
前		qián	名	N	antes	before

专有名词 — Nomes próprios / Proper nouns

山顶医院	山頂醫院	Centro Hospitalar Conde de São Januário	St. Januario Hospital
镜湖医院	鏡湖醫院	Hospital Kiang Wu	Kiang Wu Hospital

国际汉语教程（初级篇）

词句解释
Notas explicativas sobre frases
Explanatory notes on phrases and sentences

1 你的脸色好像不太好。

（1）"好像"是副词，用在谓语前，表示不太肯定的判断。这句话的意思是"你看起来好像不舒服"。例如：

他好像去上课了。

她好像是葡萄牙人。

（2）"不太"用来缓和"不"的否定程度和语气。例如：

澳门的冬天不太冷。

这本书不太有意思。

今天的雨不太大。

Não pareces com bom aspecto.

(1) 好像 (hǎoxiàng: parecer) é advérbio. É empregado à esquerda do predicado para indicar incerteza. A frase significa que "não pareces muito bem o". Por exemplo:

他好像去上课了。

她好像是葡萄牙人。

(2) 不太 (bù tài: no muito) serve para atenuar o grau ou o tom de negação. Por exemplo:

澳门的冬天不太冷。

这本书不太有意思。

今天的雨不太大。

You don't look well.

(1) 好像 (hǎoxiàng: seem) is an adverb that can be used before a predicate to indicate an estimate that a speaker is not very sure about. The sentence 你的脸色好像不太好 means that "you don't look very well". For example:

他好像去上课了。

她好像是葡萄牙人。

(2) 不太 (bù tài: not very) is used to mitigate the degree of negation or to alleviate the negative mood. For example:

澳门的冬天不太冷。

这本书不太有意思。

今天的雨不太大。

· 188 ·

❷ 怎么了？

"怎么了"一般用来对负面的或意外的状况进行询问或关切。例如：

你今天好像不舒服，怎么了？

O que se passa?

A expressão 怎么了 (zěnme le) é utilizada para perguntar sobre algo negativo ou imprevisto. Por exemplo:

你今天好像不舒服，怎么了？

What's wrong?

怎么了 (zěnme le) is used as a gentle enquiry or an indication of concern about something that is negative or unexpected. For example:

你今天好像不舒服，怎么了？

❸ 我想中午回宿舍睡一会儿。

"一会儿"表示很短的时间，用在动词的后面构成时量补语，表示动作或状态持续的时间很短。例如：

请等一会儿。
哥哥要看一会儿比赛。
我想打一会儿篮球。

Queria voltar ao dormitório e dormir um pouco à hora do almoço.

一会儿 (yīhuìr: um pouco) significa uma curta duração de tempo. Funciona como complemento temporal a seguir ao verbo, indicando que uma acção ou um estado persiste por um curto período de tempo. Por exemplo:

请等一会儿。
哥哥要看一会儿比赛。
我想打一会儿篮球。

I want to go back to my dorm at noon to take a nap for a while.

一会儿 (yīhuìr: a little while) functions as a post-verb complement to indicate a very short duration of the action or state expressed by the verb. For example：

请等一会儿。
哥哥要看一会儿比赛。

我想打一会儿篮球。

❹ 请你先量一下体温。

"一下"是数量短语，用在动词后面表示短暂、迅速或随意性的动作。例如：

我要去试一下。

请你看一下。

Vou medir-lhe a temperatura.

一下 (yīxià) é uma combinação de numeral com classificador, que é utilizada a seguir ao verbo para indicar uma acção rápida ou não intencional. Por exemplo:

我要去试一下。

请你看一下。

Please take your temperature first.

一下 (yīxià) is a numeral/measure word combination. When used post-verbally, it describes an action that is short, fast or casual. For example:

我要去试一下。

请你看一下。

语法　Gramática / Grammar

❶ 一……就……

"一……就……"用来表达一件事发生后紧接着发生另一件，或者一件事情发生后马上出现某种结果。两种情况前后相继，有一定的因果、条件关系。例如：

一下课就去打篮球。

我一感冒就发烧。

太极拳很有意思，我一学就会。

Logo que...

A expressão 一……就…… (yī...jiù...) usa-se para indicar uma acção realizada logo a seguir a outra acção, sendo que as duas acções acontecem sequencialmente. Por exemplo:

一下课就去打篮球。

我一感冒就发烧。

太极拳很有意思，我一学就会。

As soon as

一……就…… (yī...jiù...) is used to indicate two events that happen consecutively, or two events that have an immediate causal relationship, with the preceding one as the cause or the precondition and the latter one as the result or the outcome. For example:

一下课就去打篮球。

我一感冒就发烧。

太极拳很有意思，我一学就会。

❷ 有（一）点儿

"有（一）点儿"后加形容词性结构，表示程度不高，意思是"略微，稍微"；多用于不如意的情况。例如：

今天他有点儿不高兴。

今天有点儿冷。

Um pouco

有（一）点儿 (yǒu (yī) diǎnr: um pouco) também poderá ser empregue como um advérbio, seguido pelo adjectivo e indicando o grau não muito elevado (que significa "um pouco"). Modifica normalmente algo menos agradável. Por exemplo:

今天他有点儿不高兴。

今天有点儿冷。

A little bit

有（一）点儿 (yǒu (yī) diǎnr: a little) can be used adverbially to modify the following adjective, indicating that the state described has reached a limited degree, often disapprovingly. For example:

今天他有点儿不高兴。

今天有点儿冷。

❸ 选择疑问句

提问时，提出两个或者两个以上的选项让对方选择作答。常用"还是"连接选项，后面常常有语气词"呢"或者"啊"，但是不能用"吗"。例如：

A：你去山顶医院还是镜湖医院？
B：山顶医院。
A：你早上跑步还是晚上跑步？
B：我早上跑步。

Interrogativa alternativa

Ao fazer uma pergunta alternativa, o locutor fornece duas ou mais respostas à escolha, sendo essas opções normalmente ligadas por 还是 (háishi: ou). A interrogativa alternativa termina, muitas vezes, com a partícula 呢 (ne) ou 啊 (a), mas nunca com 吗 (ma). Por exemplo:

A：你去山顶医院还是镜湖医院？
B：山顶医院。
A：你早上跑步还是晚上跑步？
B：我早上跑步。

Alternative interrogative sentences

An interrogative sentence in Chinese offers two or more options, one of which the addressee may choose to answer. These options are often linked by 还是 (háishi: or), and the interrogative sentence is often ended by either the interrogative particle 呢 (ne) or 啊 (a), but not by 吗 (ma). For example:

A：你去山顶医院还是镜湖医院？
B：山顶医院。
A：你早上跑步还是晚上跑步？
B：我早上跑步。

❹ 动量词"次"

汉语中的动量词是动作行为的计量单位，常跟数词组成数量短语用在动词后面，表示动作次数。"次"是最常用的动量词，一般用于可重复出现的动作。例如：

明年我打算去一次长城。
莫斯科每年冬天都下很多次雪。

Classificador verbal 次

O classificador verbal em chinês é a unidade de medição do verbo. Usa-se normalmente a seguir ao verbo em conjunto com um numeral para registar a frequência de acção. 次 (cì) é o classificador verbal mais utilizado, servindo para indicar acções que podem repetir-se. Por exemplo:

明年我打算去一次长城。

莫斯科每年冬天都下很多次雪。

Verbal measure word 次

Verbal measure words are measure units for actions. Preceded by numerals, they are usually used after the verbs they modify to indicate frequencies. 次 (cì) is the most frequently used verbal measure word, usually to indicate actions that can be repeated. For example:

明年我打算去一次长城。

莫斯科每年冬天都下很多次雪。

❺ 介词"给"

介词"给"用在名词前,用来引出接受对象或受益者。例如:

何爱丽给安梅兰画脸谱。

我给你量一下体温。

A preposição 给

A preposição 给 (gěi) usa-se à esquerda de substantivos para introduzir o objecto e o beneficiário de uma acção. Por exemplo:

何爱丽给安梅兰画脸谱。

我给你量一下体温。

The preposition 给

The preposition 给 (gěi) is used before a noun to introduce the beneficiary of an action. For example:

何爱丽给安梅兰画脸谱。

我给你量一下体温。

语音知识 Fonética / Phonetic knowledge

句子的重音

在口语中,为了突出表达的重点,引起听者的注意,常常会把句中的某个部分说得重一点儿,这就是句子的重音。句子的重音一般是用来强调某种对比,表示是这个,而不是那个或其他。例如：

我**今年**七月毕业。（表示不是明年。）

你不知道，**我**也不知道，那谁知道呢？

Acentuação frásica

Na língua coloquial, certos elementos são mais acentuados para dar certa ênfase ou para chamar a atenção do interlocutor. A acentuação frásica destaca o contraste, revelando que o enfatizado será este em vez daquele ou de outro. Por exemplo:

我**今年**七月毕业。（Enfatizando que não é o próximo ano.）

你不知道，**我**也不知道，那谁知道呢？

The sentence stress

In spoken Chinese, some parts of a sentence can be stressed to attract the listener's attention or mark where the semantic emphasis is. This is known as the sentence stress, which, among others, underlines a contrast or one of the listed choices. For example:

我**今年**七月毕业。（Emphasizing that it is not the year to come.）

你不知道，**我**也不知道，那谁知道呢？

汉字知识
Conhecimentos sobre caracteres chineses
Knowledge about Chinese characters

会意字

用两个或两个以上的字符，合成一个字，将这些字符的意义合成为新字的意义，这种造字法称作"会意"。用会意法所造的字就是会意字。会意字包括"以形会意"和"以义会意"。"以形会意"指通过字符的形象合起来表意（如"步"，像双脚一前一后走路，表示步行），"以义会意"指通过字符的字义合起来表意（如山高为"嵩"）。

用会意的方法造字开辟了合体造字的新路，突破了象形、指事两种造字法的局限，组合形式灵活多样，表意方法更加丰富，是汉字发展史上的巨大进步。但会意字也有不能表音的缺点，记录语言仍然不够方便；造字量方面较象形、指事大幅增加，但也有一定的限度。

Caracteres associativos

O carácter associativo é consiste na combinação de dois ou mais caracteres simples (compostos por um componente só), criando, assim, um novo significado. Há dois tipos de associação: associação icónica e combinação simples dos significados de componentes. Por exemplo: 步 (bù: passo) é a combinação de ícones de dois pés a andar enquanto 嵩 (sōng: altitude) é uma simples combinação de 山 (shān: montanha) com 高 (gāo: alto), significando montanha alta.

A associação representa um novo método de escrita que supera os limites que a pictografia e a ideografia trazem. Em comparação, a associação tem formas de combinação de componentes mais flexíveis e, por isso, consegue exprimir uma maior gama de significados, o que constitui um grande avanço na evolução dos caracteres chineses. No entanto, a associação tem as suas desvantagens. Os caracteres associativos não transmitem informações fonéticas dos seus componentes. Em termos numéricos, a associação logra inventar mais novos caracteres que a pictografia e ideografia, porém tem também os seus limites.

Associative characters

Associative characters were created by combining orthographically and semantically two or more than two independent single-component characters. As a result, the semantic content of the newly created character is a combination of the two meanings from the two component characters. There are two types of associative characters: the first is based on iconic combinations, as in 步 (bù: step), which is made up by the two icons of two walking feet, one in the front and the other at the back, resulting in the combined meaning of walking. The second type is based on the combination of only meanings, as in 嵩 (sōng: name of a high mountain), which has 山 (shān: mountain) at the top and 高 (gāo: high) at the bottom, rendering a fused meaning of "high mountains".

The emergence of associative characters opened up a new path in Chinese character creation, namely through combination, which is a breakthrough from the earlier boundary of character-making by pictograms or ideographs. The resultant iconic and semantic flexibility and varieties found in associative characters represented a giant step forward in the history of Chinese character creation. Nevertheless, associative characters have their own limitations, such as the lack of phonetic information in resultant characters which limits capabilities of this technique in word creation. Today, although Chinese associative characters outnumber pictograms and ideographs by a large margin, it should be noted that this compounding method cannot create an unlimited number of Chinese characters.

国际汉语教程（初级篇）

中华文化知识
Conhecimentos culturais chineses
Chinese cultural knowledge

中医与中药

　　中医一般指以中国汉族劳动人民创造的传统医学为主的医学，也称汉医。这是研究人体生理、病理及疾病的诊断和防治等的一门学科。中医诞生于原始社会，春秋战国时期中医理论已基本形成，之后历代均有总结发展，对汉字文化圈国家影响深远，如日本汉方医学、韩国韩医学、朝鲜高丽医学、越南东医学等都是以中医为基础发展起来的。

　　中药是指在中医理论指导下用于预防、诊断、治疗疾病或调节人体机能的药物。多为植物药，也有动物药、矿物药及部分化学、生物制品类药物。中药按加工工艺分为中成药、中药材。中药主要起源于中国，少数中药源于外国，如西洋参。为保证疗效，中药在栽培、采收、加工、炮制、贮藏保管等方面均有严格的要求。很多中草药的疗效不但经受住了长期医疗实践的检验，而且已被现代科学研究所证实。有些中草药的有效成分和分子结构等也已经全部或部分地研究清楚。中国当代女药学家屠呦呦从中草药青蒿中成功提取了治疗疟疾的药物青蒿素，使全球特别是发展中国家的数亿人受益，因而获得2015年诺贝尔生理学或医学奖，这是中医药对人类健康事业做出的巨大贡献。

A medicina e a farmacologia tradicionais chinesas

A Medicina Tradicional Chinesa (MTC) foi criada pelo povo da etnia Han, ganhando. assim, outro nome: Medicina Han. Sendo uma disciplina que estuda a fisiologia, a patologia, o diagnóstico e a prevenção de doenças, a MTC nasceu na sociedade primitiva, fundou a sua teoria básica durante o Período das Primaveras e dos Outonos e o Período de Reinos Combatentes (770 a.C.–221 a.C.) e desenvolveu-se nas dinastias posteriores. Exerceu influências profundas nos países da Sinosfera; por exemplo, a medicina chinesa no Japão, a Medicina Coreana do Sul, a Medicina Koryo do Norte e a Medicina Tradicional do Vietname basearam-se todas na MTC.

A Farmacologia Tradicional Chinesa (FTC) refere-se aos medicamentos fitoterápicos aplicados, sob a orientação de teorias da MTC, na prevenção, diagnóstico e tratamento de doenças ou no ajustamento das funções do corpo humano. São maioritariamente medicamentos obtidos a partir de plantas medicinais, mas incluem também medicamentos de origem animal, medicamentos minerais, químicos e bioquímicos. A FTC ainda se pode dividir, de acordo com o processo e as técnicas de produção, em medicamentos com patentes e materiais medicinais. A FTC tem uma origem maioritariamente chinesa com apenas um pequeno número de medicamentos introduzidos do estrangeiro, como, o ginseng americano. Com o objectivo de garantir a qualidade e eficácia dos medicamentos, encontra-se uma série de critérios rigorosamente estabelecidos no processo de plantação, colheita, processamento, preparação e preservação. Nos tratamentos clínicos de longo prazo, já se verificou a eficácia de muitos medicamentos, o que foi também comprovado pelas investigações científicas modernas, com ingredientes activos e estruturas moleculares de certos medicamentos completa ou parcialmente descobertos. Tu Youyou, moderna farmacologista chinesa que conseguiu extrair da planta Artemisiaannua a artemisinina, nova terapia contra a malária, ganhou o Prémio Nobel de Fisiologia ou Medicina de 2015 por ter beneficiado com a sua descoberta um grande número de países em vias de desenvolvimento, o que constitui um grande contributo da FTC para a saúde humana.

Traditional Chinese pharmacology

Traditional Chinese Medicine (TCM), also known as Han Medicine, was created by the Chinese Han nationality. It is a discipline that studies human physiology, pathology as well as the diagnosis and prevention of diseases. First practiced in the primitive society, Traditional Chinese Medicine began to take shape during the Spring and Autumn Period and Warring States Period (770 B.C.-221 B.C.) and was further developed by later generations. Its theories and practices have exerted a great influence upon the medical sciences in neighbouring countries. For example, the Kampo Medicine in Japan, Korean Traditional Medicine in ROK, Koryo Medicine in DPRK and Vietnamese Traditional Medicine, are all based on Traditional Chinese Medicine. Traditional Chinese Pharmacology (TCP) refers to the medication used to prevent, diagnose, treat or adjust the functions of the human body under the guidance of the TCM theories. It mainly uses herbs, but also includes animal organs, insects, minerals, chemicals and bio-chemicals. According to the processing techniques, TCP medications can be classified into patent drugs and medicinal materials. TCP medicinal materials mainly originated in China, with a few from Western countries, such as ginseng. In order to guarantee efficacy, strict regulations are imposed in the course of planting, collecting, processing, concocting and preserving the herbs. The efficacy of a great number of medicinal herbs has not only been testified by long-term clinical practice, but also proved by modern scientific research. The active ingredients and molecular structures of some TCP medications have now been completely or partially known. Contemporary Chinese pharmacologist Tu Youyou succeeded in extracting artemisinine out of southernwood, a medicinal herb, to treat malaria, which has benefited millions of people, especially those from the developing countries. Because of her great achievement, Tu was awarded the 2015 Nobel Prize for Physiology or Medicine. This is a strong testimony of the great contributions TCP has made to human health.

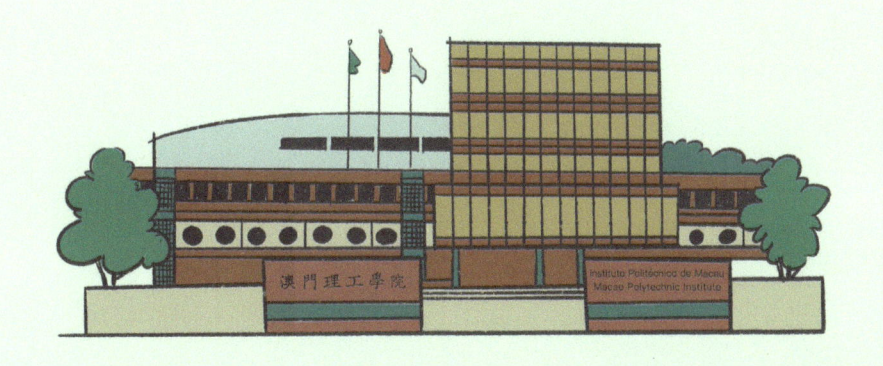

第十一课　苹果多少钱一斤？

Lição 11　Quanto custa meio quilo de maçãs?

Lesson 11　How much is the apple?

国际汉语教程（初级篇）

课文 / Texto / Text

苹果多少钱一斤？
Quanto custa meio quilo de maçãs?
How much is the apple?

何爱丽：苹果、香蕉都没有了。下课以后我要去超市，你去不去？
Hé Àilì: Píngguǒ, xiāngjiāo dōu méiyǒu le. Xiàkè yǐhòu wǒ yào qù chāoshì, nǐ qù bù qù?

安梅兰：我也要买东西，一起去吧。
Ān Méilán: Wǒ yě yào mǎi dōngxi, yīqǐ qù ba.

何爱丽：去百花超市还是新澳超市？
Hé Àilì: Qù Bǎihuā Chāoshì háishi Xīn'ào Chāoshì?

安梅兰：去新澳超市吧。新澳超市比百花超市大。
Ān Méilán: Qù Xīn'ào Chāoshì ba. Xīn'ào Chāoshì bǐ Bǎihuā Chāoshì dà.

（在超市）

安梅兰：我买了一瓶牛奶、两罐咖啡、三包饼干。你买了什么？
Ān Méilán: Wǒ mǎile yī píng niúnǎi, liǎng guàn kāfēi, sān bāo bǐnggān. Nǐ mǎile shénme?

何爱丽：六个苹果，还有一瓶葡萄酒。
Hé Àilì: Liù gè píngguǒ, hái yǒu yī píng pútaojiǔ.

安梅兰：你的苹果不错，多少钱一斤？
Ān Méilán: Nǐ de píngguǒ bùcuò, duōshao qián yī jīn?

何爱丽：苹果八块五一斤。
Hé Àilì: Píngguǒ bā kuài wǔ yī jīn.

安梅兰：很便宜。这种巧克力也不错，我买了一盒。你买不买？
Ān Méilán: Hěn piányi. Zhè zhǒng qiǎokèlì yě bùcuò, wǒ mǎile yī hé. Nǐ mǎi bù mǎi?

何爱丽：多少钱一盒？
Hé Àilì: Duōshao qián yī hé?

安梅兰：五十块一盒。
Ān Méilán: Wǔshí kuài yī hé.

何爱丽：有点儿贵，不买了。
Hé Àilì: Yǒudiǎnr guì, bù mǎi le.

安梅兰：洗发水也该买了，不过我没带那么多钱，下次买吧。
Ān Méilán: Xǐfàshuǐ yě gāi mǎi le, bùguò wǒ méi dài nàme duō qián, xià cì mǎi ba.

第十一课

收银员：你们是刷卡，还是付现金？
Shōuyínyuán: Nǐmen shì shuākǎ, háishi fù xiànjīn?

何爱丽：我刷卡，她付现金。
Hé Àilì: Wǒ shuākǎ, tā fù xiànjīn.

收银员：一百六十五块四毛。请输入密码。
Shōuyínyuán: Yībǎi liùshíwǔ kuài sì máo. Qǐng shūrù mìmǎ.

何爱丽：好的。
Hé Àilì: Hǎode.

收银员：您的是二百零三块。
Shōuyínyuán: Nín de shì èrbǎi líng sān kuài.

安梅兰：好，给您二百一十块。
Ān Méilán: Hǎo, gěi nín èrbǎi yīshí kuài.

收银员：找您七块。
Shōuyínyuán: Zhǎo nín qī kuài.

安梅兰：谢谢！再见！
Ān Méilán: Xièxie! Zàijiàn!

安梅兰：你的衣服真漂亮，多少钱？
Ān Méilán: Nǐ de yīfu zhēn piàoliang, duōshao qián?

何爱丽：九十块。
Hé Àilì: Jiǔshí kuài.

安梅兰：这么便宜啊！
Ān Méilán: Zhème piányi a!

何爱丽：是啊，我上网买了三件衣服，一共三百块。你上网买东西吗？
Hé Àilì: Shì a, wǒ shàngwǎng mǎile sān jiàn yīfu, yīgòng sānbǎi kuài. Nǐ shàngwǎng mǎi dōngxi ma?

安梅兰：你说的是网购吧？我很少上网买东西。
Ān Méilán: Nǐ shuō de shì wǎnggòu ba? Wǒ hěn shǎo shàngwǎng mǎi dōngxi.

何爱丽：现在网购特别方便，你也可以试试。
Hé Àilì: Xiànzài wǎnggòu tèbié fāngbiàn, nǐ yě kěyǐ shìshi.

安梅兰：真的吗？我想要一本汉语书，书店没有，那我上网看一下。

苹果多少钱一斤？ Quanto custa meio quilo de maçãs? How much is the apple?

国际汉语教程（初级篇）

Ān Méilán: Zhēn de ma? Wǒ xiǎng yào yī běn Hànyǔshū, shūdiàn méiyǒu, nà wǒ shàngwǎng kàn yīxià.

何爱丽：我也要买本词典，我们一起上网买吧。
Hé Àilì: Wǒ yě yào mǎi běn cídiǎn, wǒmen yīqǐ shàngwǎng mǎi ba.

蘋果多少錢一斤？

何愛麗：蘋果、香蕉都沒有了。下課以後我要去超市，你去不去？
安梅蘭：我也要買東西，一起去吧。
何愛麗：去百花超市還是新澳超市？
安梅蘭：去新澳超市吧。新澳超市比百花超市大。
（在超市）
安梅蘭：我買了一瓶牛奶、兩罐咖啡、三包餅乾。你買了什麼？
何愛麗：六個蘋果，還有一瓶葡萄酒。
安梅蘭：你的蘋果不錯，多少錢一斤？
何愛麗：蘋果八塊五一斤。
安梅蘭：很便宜。這種巧克力也不錯，我買了一盒。你買不買？
何愛麗：多少錢一盒？
安梅蘭：五十塊一盒。
何愛麗：有點兒貴，不買了。
安梅蘭：洗髮水也該買了，不過我沒帶那麼多錢，下次買吧。
收銀員：你們是刷卡，還是付現金？
何愛麗：我刷卡，她付現金。
收銀員：一百六十五塊四毛。請輸入密碼。
何愛麗：好的。
收銀員：您的是二百零三塊。
安梅蘭：好，給您二百一十塊。
收銀員：找您七塊。
安梅蘭：謝謝！再見！

安梅蘭：你的衣服真漂亮，多少錢？
何愛麗：九十塊。
安梅蘭：這麼便宜啊！
何愛麗：是啊，我上網買了三件衣服，一共三百塊。你上網買東西嗎？

安梅蘭：你說的是網購吧？我很少上網買東西。
何愛麗：現在網購特別方便，你也可以試試。
安梅蘭：真的嗎？我想要一本漢語書，書店沒有，那我上網看一下。
何愛麗：我也要買本詞典，我們一起上網買吧。

生词 Vocabulário / New words

苹果	蘋果	píngguǒ	名	N	maçã	apple
香蕉		xiāngjiāo	名	N	banana	banana
超市		chāoshì	名	N	supermercado	supermarket
买	買	mǎi	动	V	comprar	to buy
东西	東西	dōngxi	名	N	coisa, objecto	thing
瓶		píng	名	N	garrafa	bottle
牛奶		niúnǎi	名	N	leite	milk
罐		guàn	名	N	lata	can
咖啡		kāfēi	名	N	café	coffee
包		bāo	量	M	pacote	bag, pack
饼干	餅乾	bǐnggān	名	N	bolacha	biscuit, cracker
还有	還有	hái yǒu			mais ainda	also, else
葡萄酒		pútaojiǔ	名	N	vinho	wine
多少		duōshao	代	Pron	quanto	how much
钱	錢	qián	名	N	dinheiro	money
斤		jīn	量	M	jin (meio quilo)	jin (1 jin is equal to 500 g.)
块	塊	kuài	量	M	(a forma falada do) yuan (unidade monetária chinesa)	(the oral form of) yuan (Chinese monetary unit)
便宜		piányi	形	Adj	barato	inexpensive, cheap
种	種	zhǒng	量	M	tipo	type
巧克力		qiǎokèlì	名	N	chocolate	chocolate

国际汉语教程（初级篇）

盒		hé	名	N	pacote, caixa	box, pack, packet
贵	貴	guì	形	Adj	caro	expensive
洗发水	洗髮水	xǐfàshuǐ	名	N	champô	shampoo
该	該	gāi	情动	MV	dever	should
带	帶	dài	动	V	levar consigo	to bring, to take
那么	那麼	nàme	代	Pron	tanto	that (much)
多		duō	形	Adj	muito, quanto	much
收银员	收銀員	shōuyínyuán	名	N	empregado da caixa	cashier
刷卡		shuākǎ	动	V	pagar com cartão	to swipe a card, to pay by a card
付		fù	动	V	pagar	to pay
现金	現金	xiànjīn	名	N	em numerário, a dinheiro	cash
毛		máo	量	M	*mao* (unidade monetária chinesa equivalente a 10 cêntimos)	*mao* (Chinese monetary unit. 1 *mao* is equal to 10 *fen*.)
输入	輸入	shūrù	动	V	inserir	to input
密码	密碼	mìmǎ	名	N	código	password
给	給	gěi	动	V	dar	to give
找		zhǎo	动	V	dar troco	to give change
衣服		yīfu	名	N	roupa	clothes, attire
这么	這麼	zhème	代	Pron	tão	this, so
件		jiàn	量	M	peça	piece
一共		yīgòng	副	Adv	no total	total(ly)
网购	網購	wǎnggòu	动	V	compras online	online shopping
少		shǎo	形	Adj	raramente	rarely
方便		fāngbiàn	形	Adj	conveniente	convenient
本		běn	量	M	*classificador para livros*	*measure word for books*
书	書	shū	名	N	livro	book
书店	書店	shūdiàn	名	N	livraria	bookstore
词典	詞典	cídiǎn	名	N	dicionário	dictionary

注释 / Notas / Notes

网购

"网购"是"网上购物"的简称。

Compras online

网购 (wǎnggòu) é forma abreviada da expressão 网上购物 (wǎngshang gòuwù), ou seja, fazer compras online.

Internet shopping

网购 (wǎnggòu) is the shortened form of 网上购物 (wǎngshang gòuwù), both meaning online shopping.

词句解释 / Notas explicativas sobre frases / Explanatory notes on phrases and sentences

我想要一本汉语书。

动词"要"表达想获得某种东西。例如：

她想要一本汉语书。

我要苹果，不要香蕉。

Eu quero um livro chinês.

O verbo 要 (yào: querer) indica o desejo de obter algo. Por exemplo:

她想要一本汉语书。

我要苹果，不要香蕉。

I want a Chinese book.

The Chinese verb 要 (yào: want) is used to indicate the intention to acquire something. For example:

她想要一本汉语书。

我要苹果，不要香蕉。

苹果多少钱一斤？ Quanto custa meio quilo de maçãs? How much is the apple?

国际汉语教程（初级篇）

语法 Gramática / Grammar

❶ 正反疑问句

正反疑问句是用肯定和否定相连的方式来提问，要求做出肯定或否定的回答，基本格式是"A 不 A"，句末不再用"吗"，可以用"呢"、"啊"等语气助词。例如：

我要去超市，你去不去？
你会不会唱京剧？
这儿能不能上网？
我的衣服漂亮不漂亮？

Interrogativa afirmativa-negativa

A interrogativa afirmativa-negativa é uma interrogativa que combina uma opção afirmativa directamente com uma opção negativa, exigindo assim uma resposta afirmativa ou negativa. A sua estrutura é "A 不 (bù: não) A" com partículas tais como 呢 (ne) e 啊 (a) no final da frase. Porém, a partícula 吗 (ma) jamais se usa neste caso. Por exemplo:

我要去超市，你去不去？
你会不会唱京剧？
这儿能不能上网？
我的衣服漂亮不漂亮？

Affirmative-negative questions in Chinese

An affirmative-negative question in Chinese is formed by connecting the affirmative part directly with negative part, asking for a positive or negative answer. It's basic form is "A 不 (bù) A", with no sentence-final 吗 (ma) added, but it can be ended with such interrogative particles as 呢 (ne) or 啊 (a). For example:

我要去超市，你去不去？
你会不会唱京剧？
这儿能不能上网？
我的衣服漂亮不漂亮？

❷ 101 到 1 000 的数字表达法

整数分为系数词（"零/〇"、"一"、"二"、"三"、"四"、"五"、"六"、"七"、"八"、"九"、"十"）和位数词（"个"、"十"、"百"、"千"、"万"、"亿"）。

· 206 ·

读数方法是把系数词和位数词结合起来，系数词在前，位数词在后（个位的位数不读）。例如：

6 914 读作：六千九百一十四

Números 101~1 000

A leitura dos números consiste na leitura dos dígitos (零 líng/zero, 一 yī/um, 二 / 两 èr/liǎng/dois, 三 sān/três, 四 sì/quatro, 五 wǔ/cinco, 六 liù/seis, 七 qī/sete, 八 bā/oito, 九 jiǔ/nove, 十 shí/dez) e das classes 个 gè/unidade, 十 shí/dezena, 百 bǎi/centena, 千 qiān/milhar, 万 wàn/dez milhares, 亿 yì/cem milhões). Na leitura combinam-se os dígitos e as classes, lendo-se primeiros os dígitos e depois as classes (não se lê a unidade 个). Por exemplo:

6 914 lê-se como 六千九百一十四

The expressions of numerals from 101 to 1 000 in Chinese

Integers in Chinese consist of Chinese numerals (零 líng/zero, 一 yī/one, 二 / 两 èr/liǎng/two, 三 sān/three, 四 sì/four, 五 wǔ/five, 六 liù/six, 七 qī/seven, 八 bā/eight, 九 jiǔ/nine and 十 shí/ten) and numerical units (个 gè/unit, 十 shí/ten, 百 bǎi/hundred, 千 qiān/thousand, 万 wàn/ten thousand, 亿 yì/100 million). While reading a number in Chinese, one has to read the numerals first and then its numerical units (个 is not read). For example:

6 914 is read as 六千九百一十四

101~1 000 数字表：
Quadro de números 101~1 000:
Chinese numeral table from 101 to 1 000:

101~110		111~200		201~1 000	
101	一百零一	111	一百一十一	201	二百零一
102	一百零二	112	一百一十二	250	二百五十（二百五）
103	一百零三	120	一百二十（一百二）	300	三百
104	一百零四	130	一百三十（一百三）	400	四百
105	一百零五	145	一百四十五	500	五百
106	一百零六	156	一百五十六	600	六百
107	一百零七	167	一百六十七	750	七百五十（七百五）
108	一百零八	178	一百七十八	881	八百八十一

苹果多少钱一斤？ Quanto custa meio quilo de maçãs? How much is the apple?

109	一百零九	199	一百九十九	999	九百九十九
110	一百一十（一百一）	200	二百（两百）	1 000	一千

❸ 钱数的表达

中国的法定货币是人民币，人民币的货币单位是"元、角、分"，但口语中常常说"块、毛、分"，而且在语义清楚的情况下可以省略最后一个单位。例如：

89 元 / 块：八十九（块）

3.2 元：三块二（毛）

6.75 元：六块七毛五（分）

As expressões de dinheiro em chinês

O *renminbi* (RMB) é a moeda oficial da China, e tem como unidades monetárias *yuan*, *jiao* e *fen*. No entanto, é mais frequente ouvir dizer na língua coloquial *kuai*, *mao* e *fen*, e a última unidade pode ser omitida se a semântica for clara. Por exemplo:

89 元 / 块：八十九（块）

3.2 元：三块二（毛）

6.75 元：六块七毛五（分）

The expressions of money in Chinese

The Chinese *renminbi* (RMB), literally the people's currency, is the legal tender of the People's Republic of China. RMB includes paper notes and coins with 元 *yuan*, 角 *jiao* and 分 *fen* as its basic units of calculation. In colloquial Chinese, *yuan* and *jiao* can often be replaced by 块 *kuai* and 毛 *mao*. When *yuan* (*kuai*), *jiao* (*mao*) or *fen* appears at the utterance-final position, they can often be omitted if no confusion in meaning will be caused. For example:

89 元 / 块：八十九（块）

3.2 元：三块二（毛）

6.75 元：六块七毛五（分）

❹ 价钱的表达

汉语中表达商品的价钱时，通常使用的格式为：商品＋钱数＋数词＋量词。例如：

苹果五块钱一斤。

巧克力五十块一盒。

糖一百块四袋。

询问商品价钱时，通常使用的格式为：商品＋"多少钱"＋"一"＋量词。例如：

第十一课

苹果多少钱一斤？

巧克力多少钱一盒？

糖多少钱一袋？

Expressão de preços

Ao exprimir os preços em chinês, usa-se normalmente a seguinte estrutura:

Objecto+Preço+Numeral+Classificador

Por exemplo:

苹果五块钱一斤。

巧克力五十块一盒。

糖一百块四袋。

Ao perguntar os preços em chinês, usa-se normalmente a seguinte estrutura:

Objecto+ 多少钱 (duōshao qián: quanto)+ 一 (yī: qada)+Classificador

Por exemplo:

苹果多少钱一斤？

巧克力多少钱一盒？

糖多少钱一袋？

The expressions of prices in Chinese

The prices in Chinese are often expressed by the following format:

Commodity+Money number+Numeral+Measure word

For example:

苹果五块钱一斤。

巧克力五十块一盒。

糖一百块四袋。

When one is asking for the price of a commodity, the often used format is: Commodity+多少钱 (duōshao qián: how much)+ 一 (yī: one)+Measure word

For example:

苹果多少钱一斤？

巧克力多少钱一盒？

糖多少钱一袋？

❺ 动态助词"了"（二）

"了"用在动词后，其功能是用来表达动作的完成。例如：

苹果多少钱一斤？ Quanto custa meio quilo de maçãs? How much is the apple?

我买了两本汉语书。

他吃了一个苹果。

Partícula aspectual 了 (2)

O marcador modal 了 (le) emprega-se depois do verbo a indicar a conclusão de uma acção. Por exemplo:

我买了两本汉语书。

他吃了一个苹果。

The aspectual particle 了 (2)

The verb-final 了 (le) can indicate the completion of an action. For example:

我买了两本汉语书。

他吃了一个苹果。

❻ 该……了

"该……了"是"应该……了"的缩略形式，表示理当如此。例如：

已经十二点了，该睡觉了。

夏天到了，天气该热了。

该……了

该……了 (gāi...le) é forma abreviada de 应该……了 (yīnggāi...le), que indica o que deve ser. Por exemplo:

已经十二点了，该睡觉了。

夏天到了，天气该热了。

该……了

该……了 (gāi...le) is a shortened form of 应该……了 (yīnggāi...le), indicating what it should be. For example:

已经十二点了，该睡觉了。

夏天到了，天气该热了。

汉字知识

Conhecimentos sobre caracteres chineses
Knowledge about Chinese characters

形声字

形声字是由表示字义的形旁与表示字音的声旁构成的汉字。形声字占现代常用汉字的 80% 以上。形声字中声旁和形旁的搭配方式多种多样，其中最主要的有以下六种：

左形右声：妈、吧、快、请、住、机
左声右形：放、和、瓶、故、邮、歌
上形下声：药、蕉、景、舍、箱、岗
上声下形：想、华、警、忘、盒、贷
内形外声：闻、闷、问、闽、辩、辫
外形内声：固、园、历、府、病、近

Caracteres picto-fonéticos

Os caracteres picto-fonéticos são compostos pelos picto-radicais (que apontam para a categoria do sentido do carácter) e pelos radicais fonéticos (que indicam a pronúncia do carácter). Aproximadamente 80% dos caracteres chineses mais usados são de natureza picto-fonética. Há várias formas de combinação entre os picto-radicais e os radicais fonéticos. As mais frequentes são as seguintes seis formas:

picto-radical à esquerda e radical fonético à direita: 妈、吧、快、请、住、机
radical fonético à esquerda e picto-radical à direita: 放、和、瓶、故、邮、歌
picto-radical em cima e radical fonético em baixo: 药、蕉、景、舍、箱、岗
radical fonético em cima e picto-radical em baixo: 想、华、警、忘、盒、贷
picto-radical dentro e radical fonético fora: 闻、闷、问、闽、辩、辫
radical fonético dentro e picto-radical fora: 固、园、历、府、病、近

Pictophonetic characters

Approximately 80% of modern Chinese characters are pictophonetics. These characters consist of a phonetic component and a semantic one. Of a large variety of combinations of phonetic and semantic components, the most frequently seen compounding methods are the following six:

semantic left and phonetic right：妈、吧、快、请、住、机
semantic right and phonetic left：放、和、瓶、故、邮、歌
semantic top and phonetic bottom：药、蕉、景、舍、箱、岗
semantic bottom and phonetic top：想、华、警、忘、盒、贷

semantic inside and phonetic outside：闻、闷、问、闽、辩、辫
semantic outside and phonetic inside：固、园、历、府、病、近

中华文化知识
Conhecimentos culturais chineses
Chinese cultural knowledge

中国的网络购物

随着互联网的进一步普及，网购成为中国人新的生活时尚。据统计，从 2010 年到 2019 年，中国的网购人数每年都大幅增长，网购规模稳居全球第一。2019 年网络购物交易规模达 10.63 万亿元。

大批购物网站发展迅速，网民们甚至有了自己的网购节日——"双十一"购物节。2019 年"双十一"的 24 小时内，全网总销售额达 4101 亿元，产生包裹数 16.57 亿个。

大到电脑、冰箱、洗衣机、电视、照相机，小到服装鞋帽、文具、优盘，都可以在网上购买。飞机票、火车票、家居装修，只要你愿意，也可以很方便地上网购买。

最近几年，使用智能手机通过移动互联网购物的网民越来越多了。"海淘"（也叫"海外购"或跨境电商购物）也开始流行起来，美国、日本、德国和韩国成为最受中国消费者喜爱的海淘地点。

Compras online na China

Com a constante popularização da internet, é moda efectuar compras online na China. Como revelam as estatísticas, aumentou anualmente, de forma esponencial, o número de consumidores que fazem compras na internet entre 2010 e 2019, fazendo com que o seu volume de compras online seja o maior do mundo. Em 2019, este valor totalizou-se em 1 063 mil milhões de RMB. Surgiu, na China, um grande número de sites de compras online, que se têm desenvolvido de forma rápida. Os internautas até começam a ter o seu próprio feriado - 11 de Novembro, Dia de Compras Online. Durante as 24 horas do dia 11 de Novembro do ano 2019, o volume total das compras atingiu 410,1 mil milhões de RMB, com 1,657 mil milhões de encomendas enviadas. Poder-se-á comprar tudo a preços promocionais na internet desde computadores, frigoríficos, máquinas de lavar, televisões, máquinas fotográficas até roupa, artigos de papelaria e Pen

Drives. Sese desejar , até se compram na internet viagens de avião ou de comboio, artigos domésticos de decoração, etc.

Durante os últimos anos, cada vez mais internautas preferem efectuar compras online via telemóveis. Além disso, as compras online transfronteiriças (designadas *haitao* em chinês) começaram a ganhar mais popularidade, e os EUA, o Japão, a Alemanha e a Coreia do Sul são os destinos preferidos.

Online shopping in China

With further popularization of the Internet, online shopping has already become a new fashion for the Chinese people. According to statistics, the number of the people who shopped online increased by a large margin every year from 2010 to 2019, making the online shopping scale in China the largest in the world. In 2019, the transaction amount of online shopping reached RMB 10.63 trillion.

A large number of online shopping websites have sprung up in China. The online shoppers even have their own online shopping festival — the November 11 Shopping Day. Within the 24 hours of November 11, 2019, the online sales totalled RMB 410.1 billion, with 1.657 billion parcels generated.

Many things can be bought online, including computers, refrigerators, washing machines, televisions, cameras, clothes, stationery and flash disks. If you like, it is also very convenient to buy plane tickets, train tickets, household articles, and home renovation packages online.

For the last few years, more and more people have used their mobile phones to shop online. *Haitao*, also termed "Overseas Online Shopping" or "Cross-border Online Shopping", is also gaining popularity, with the United States of America, Japan, Germany and South Korea being the favorite online overseas shopping destinations.

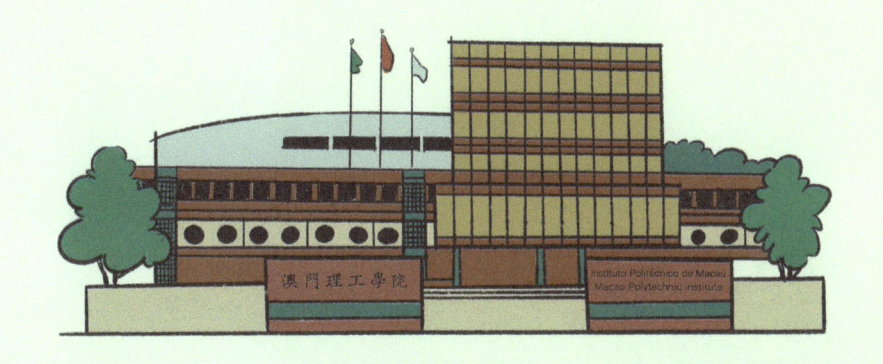

第十二课　你最好办一张银行卡

Lição 12　É melhor solicitar um cartão bancário

Lesson 12　You'd better apply for a bank card

你最好办一张银行卡

É melhor solicitar um cartão bancário
You'd better apply for a bank card

银行职员：您好！请问，您需要帮忙吗？
Yínháng zhíyuán: Nín hǎo! Qǐngwèn, nín xūyào bāngmáng ma?

罗飞龙：您好！我想开一个银行账户。
Luó Fēilóng: Nín hǎo! Wǒ xiǎng kāi yī gè yínháng zhànghù.

银行职员：您想开澳门币账户、港币账户，还是外币账户？
Yínháng zhíyuán: Nín xiǎng kāi àoménbì zhànghù, gǎngbì zhànghù, háishi wàibì zhànghù?

罗飞龙：三种都开，可以吗？
Luó Fēilóng: Sān zhǒng dōu kāi, kěyǐ ma?

银行职员：可以。您要办存折还是银行卡？
Yínháng zhíyuán: Kěyǐ. Nín yào bàn cúnzhé háishi yínhángkǎ?

罗飞龙：哪个比较方便呢？
Luó Fēilóng: Nǎge bǐjiào fāngbiàn ne?

银行职员：银行卡比较方便，因为您可以自己在ATM上存钱、取钱，还可以消费，比存折方便多了。三个账户可以用一张卡。
Yínháng zhíyuán: Yínhángkǎ bǐjiào fāngbiàn, yīnwèi nín kěyǐ zìjǐ zài ATM shang cúnqián, qǔqián, hái kěyǐ xiāofèi, bǐ cúnzhé fāngbiàn duō le. Sān gè zhànghù kěyǐ yòng yī zhāng kǎ.

罗飞龙：可以用卡转账吗？
Luó Fēilóng: Kěyǐ yòng kǎ zhuǎnzhàng ma?

银行职员：当然了。您还可以用它网购、买票什么的。
Yínháng zhíyuán: Dāngrán le. Nín hái kěyǐ yòng tā wǎnggòu, mǎi piào shénme de.

罗飞龙：那就办一张卡吧。
Luó Fēilóng: Nà jiù bàn yī zhāng kǎ ba.

银行职员：请给我看一下您的护照。
Yínháng zhíyuán: Qǐng gěi wǒ kàn yīxià nín de hùzhào.

罗飞龙：好的，给您。

Luó Fēilóng: Hǎode, gěi nín.

银行职员：请您填一下这张表格，还要麻烦您在这儿签字。

Yínháng zhíyuán: Qǐng nín tián yīxià zhè zhāng biǎogé, hái yào máfan nín zài zhèr qiānzì.

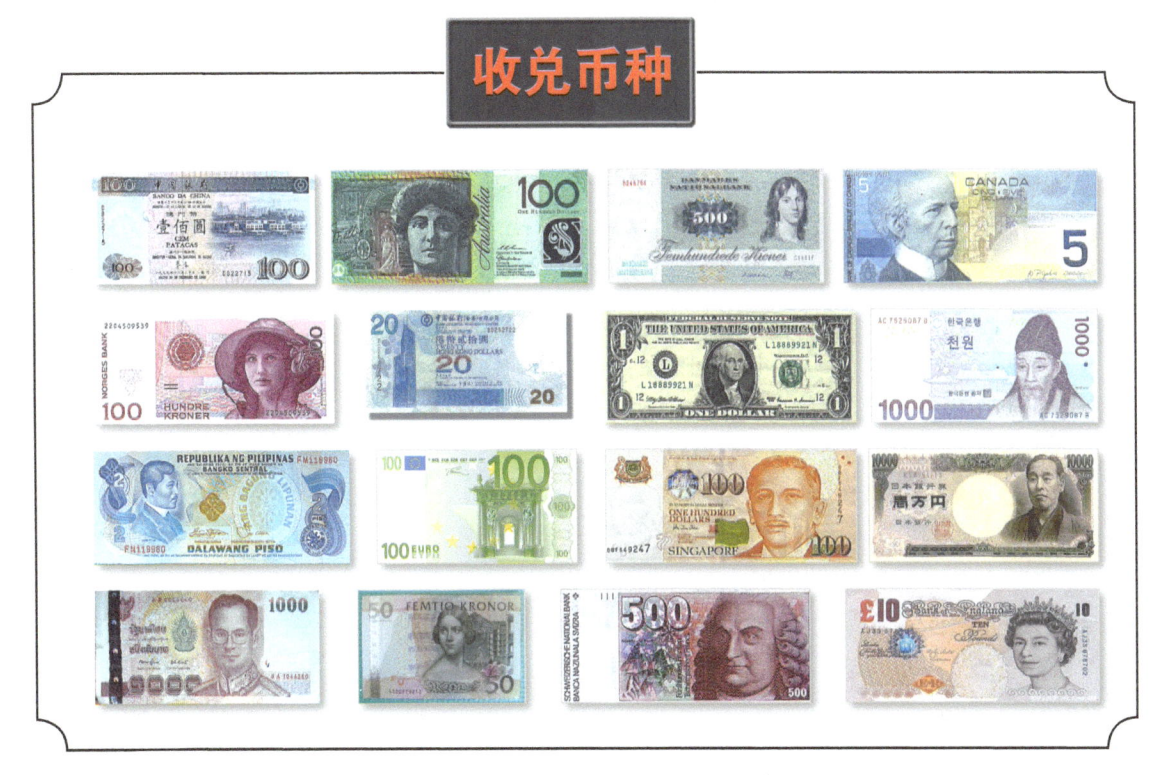

罗飞龙：顺便问一下，我想用欧元换澳门币，汇率是多少？

Luó Fēilóng: Shùnbiàn wèn yīxià, wǒ xiǎng yòng ōuyuán huàn àoménbì, huìlǜ shì duōshao?

银行职员：今天的汇率是一百欧元兑换八百五十六澳门币，比昨天高一点儿。

Yínháng zhíyuán: Jīntiān de huìlǜ shì yībǎi ōuyuán duìhuàn bābǎi wǔshíliù àoménbì, bǐ zuótiān gāo yīdiǎnr.

罗飞龙：美元呢？

Luó Fēilóng: Měiyuán ne?

银行职员：一百美元换八百澳门币。

Yínháng zhíyuán: Yībǎi měiyuán huàn bābǎi àoménbì.

罗飞龙：因为我下周要去珠海，所以我还想换一点儿人民币。

Luó Fēilóng: Yīnwèi wǒ xiàzhōu yào qù Zhūhǎi, suǒyǐ wǒ hái xiǎng huàn yīdiǎnr rénmínbì.

银行职员：一百澳门币换八十六人民币，比昨天低一点儿。您现在换吗？

Yínháng zhíyuán: Yībǎi àoménbì huàn bāshíliù rénmínbì, bǐ zuótiān dī yīdiǎnr. Nín xiànzài huàn ma?

罗飞龙：我有两百欧元，换成澳门币。另外还有一千美元，换成人民币。

国际汉语教程（初级篇）

Luó Fēilóng: Wǒ yǒu liǎngbǎi ōuyuán, huànchéng àoménbì. Lìngwài hái yǒu yīqiān měiyuán, huànchéng rénmínbì.

银行职员：没问题。这是澳门币，这是人民币，给您钱。

Yínháng zhíyuán: Méi wèntí. Zhè shì àoménbì, zhè shì rénmínbì, gěi nín qián.

你最好辦一張銀行卡

銀行職員：您好！請問，您需要幫忙嗎？

羅飛龍：您好！我想開一個銀行賬戶。

銀行職員：您想開澳門幣賬戶、港幣賬戶，還是外幣賬戶？

羅飛龍：三種都開，可以嗎？

銀行職員：可以。您要辦存摺還是銀行卡？

羅飛龍：哪個比較方便呢？

銀行職員：銀行卡比較方便，因爲您可以自己在ATM上存錢、取錢，還可以消費，比存摺方便多了。三個賬戶可以用一張卡。

羅飛龍：可以用卡轉賬嗎？

銀行職員：當然了。您還可以用它網購、買票什麽的。

羅飛龍：那就辦一張卡吧。

銀行職員：請給我看一下您的護照。

羅飛龍：好的，給您。

銀行職員：請您填一下這張表格，還要麻煩您在這兒簽字。

羅飛龍：順便問一下，我想用歐元換澳門幣，匯率是多少？

銀行職員：今天的匯率是一百歐元兌換八百五十六澳門幣，比昨天高一點兒。

羅飛龍：美元呢？

銀行職員：一百美元換八百澳門幣。

羅飛龍：因爲我下周要去珠海，所以我還想換一點兒人民幣。

銀行職員：一百澳門幣換八十六人民幣，比昨天低一點兒。您現在換嗎？

羅飛龍：我有兩百歐元，換成澳門幣。另外還有一千美元，換成人民幣。

銀行職員：沒問題。這是澳門幣，這是人民幣，給您錢。

第十二课

生词 / Vocabulário / New words

银行	銀行	yínháng	名	N	banco	bank
职员	職員	zhíyuán	名	N	funcionário	clerk
需要		xūyào	动	V	precisar	to need
帮忙	幫忙	bāngmáng	动	V	ajudar	to help
开	開	kāi	动	V	abrir	to open
账户	賬戶	zhànghù	名	N	conta	account
澳门币	澳門幣	àoménbì	名	N	Pataca de Macau	MOP, Pataca of Macao
港币	港幣	gǎngbì	名	N	dólar de Hong Kong	Hong Kong dollar
外币	外幣	wàibì	名	N	moeda estrangeira	foreign currency
办	辦	bàn	动	V	tratar de formalidades	to apply, to handle
存折	存摺	cúnzhé	名	N	caderneta bancária	bank book
卡		kǎ	名	N	cartão bancário	card
比较	比較	bǐjiào	副	Adv	comparativamente	comparatively
自己		zìjǐ	代	Pron	auto	self
存钱	存錢	cúnqián	动	V	depositar dinheiro	to deposit
取钱	取錢	qǔqián	动	V	levantar dinheiro	to draw money
消费	消費	xiāofèi	动	V	consumir	to consume
用		yòng	动	V	usar	to use
转账	轉賬	zhuǎnzhàng	动	V	transferir dinheiro	to transfer money
它		tā	代	Pron	ele/ela/o/a/lhe	it
什么的	什麼的	shénmede	助	Pt	entre outros	and so on
护照	護照	hùzhào	名	N	passaporte	passport
填		tián	动	V	preencher	to fill in
表格		biǎogé	名	N	formulário	form
麻烦	麻煩	máfan	动	V	incomodar	to trouble
签字	簽字	qiānzì	动/名	V/N	assinar, assinatura	to sign; signature
顺便	順便	shùnbiàn	副	Adv	a propósito	by the way

你最好办一张银行卡 É melhor solicitar um cartão bancário You'd better apply for a bank card

国际汉语教程（初级篇）

欧元	歐元	ōuyuán	名	N	euro	euro
换		huàn	动	V	cambiar, trocar	to exchange, to change
汇率	匯率	huìlǜ	名	N	taxa de câmbio	exchange rate
兑换		duìhuàn	动	V	cambiar, trocar	to exchange
昨天		zuótiān	名	N	ontem	yesterday
高		gāo	形	Adj	alto	high
一点儿	一點兒	yìdiǎnr	数量	Nu+M	um pouco	a little, a bit
美元		měiyuán	名	N	dólar americano	USD
因为	因爲	yīnwèi	连	Conj	porque	because
所以		suǒyǐ	连	Conj	portanto, assim sendo	therefore
人民币	人民幣	rénmínbì	名	N	RMB	RMB
低		dī	形	Adj	baixo	low
换成		huànchéng			cambiar, trocar	to change into
另外		lìngwài	副	Adv	ademais	moreover, as well

专有名词 — Nomes próprios / Proper nouns

珠海	Zhuhai	Zhuhai

词句解释 — Notas explicativas sobre frases / Explanatory notes on phrases and sentences

❶ 还要麻烦您在表格上签字。

麻烦：意思是使别人不便或增加负担，是一种礼貌、客气的表达。例如：

对不起，麻烦您了。

麻烦您给我一瓶水。

Podia assinar este formulário, se faz favor?

A expressão 麻烦 (máfan: incomodar) é empregada quando se pode causar incómodo ou inconveniência a alguém. Por exemplo:

对不起，麻烦您了。

麻烦您给我一瓶水。

Could you take the trouble to sign this form?

The word 麻烦 (máfan: troublesome, to bother) is used when inconvenience or a burden may be caused to somebody. For example:

对不起，麻烦您了。

麻烦您给我一瓶水。

❷ 顺便问一下

顺便：借着做某事的方便做另一件事。例如：

下课以后，我要去换钱，顺便去超市。

我上网买衣服，顺便买本书。

A propósito

A expressão 顺便 (shùnbiàn: a propósito) significa aproveitar para fazer algo mais, ao mesmo tempo que se faz outra coisa. Por exemplo:

下课以后，我要去换钱，顺便去超市。

我上网买衣服，顺便买本书。

By the way, may I ask…

The word 顺便 (shùnbiàn: by the way) is used when someone, in the course of doing something, does something else. For example:

下课以后，我要去换钱，顺便去超市。

我上网买衣服，顺便买本书。

语法 Gramática / Grammar

❶ 一点儿

"一点儿"用在名词前，表示数量少。当"一点儿"不在句首时，"一"常常被省略。例如：

我想吃一点儿巧克力。
我想换点儿钱。
一点儿就好。

Um pouco
一点儿 (yīdiǎnr: um pouco) poderá ser utilizado à esquerda do substantivo indicando o número não muito grande ou um grau não muito elevado. Quando não aparece no início da frase, 一 é frequentemente omisso. Por exemplo:

我想吃一点儿巧克力。
我想换点儿钱。
一点儿就好。

A little
When used before a noun, 一点儿 (yīdiǎnr: a little) indicates a small quantity. If not at the sentence-initial position, 一 can be omitted from 一点儿. For example:

我想吃一点儿巧克力。
我想换点儿钱。
一点儿就好。

❷ ……比……+ 形容词（Adj）+"多了"/"一点儿"
用来表达比较后程度差别很大/很小。例如：
银行卡比存折方便多了。
澳门的夏天比北京（的）热多了。
今天的汇率比昨天（的）高一点儿。
她比她姐姐漂亮一点儿。

… 比 (bǐ: comparar) …+Adjectivo+ 多了/一点儿 (duō le/yīdiǎnr: muito/um pouco)
A estrutura emprega-se para indicar um grande/pequeno grau de diferença na comparação. Por exemplo:

银行卡比存折方便多了。
澳门的夏天比北京（的）热多了。
今天的汇率比昨天（的）高一点儿。
她比她姐姐漂亮一点儿。

The structure 比 (bǐ: to compare)...+Adjective+多了(duō le: much more) indicates a significantly big difference while 比 (bǐ: to compare) ... +Adjective+ 一点儿 (yīdiǎnr: a little) indicates that the difference is small. For example:

银行卡比存折方便多了。

澳门的夏天比北京（的）热多了。

今天的汇率比昨天（的）高一点儿。

她比她姐姐漂亮一点儿。

❸ 因为……，所以……

表示因果关系的一组连词，"因为"引出原因，"所以"用来引出结果。"因为"和"所以"可以同时使用，也可以省略其中一个。例如：

因为我要去葡萄牙，所以要换一点儿欧元。

我喜欢学校的餐厅，因为那里的饭菜不错。

我有三个账户，所以转账很方便。

Porque ... por isso...

Trata-se de um par de conjunções causais. 因为 (yīnwèi: porque) introduz a causa e 所以 (suǒyǐ: por isso) introduz o efeito. As duas conjunções podem ser usadas ao mesmo tempo. Também se pode omitir uma delas na frase. Por exemplo:

因为我要去葡萄牙，所以要换一点儿欧元。

我喜欢学校的餐厅，因为那里的饭菜不错。

我有三个账户，所以转账很方便。

Because..., therefore...

This is a set of Chinese conditional conjunctions expressing a causal relationship, with 因为 (yīnwèi: because) introducing the cause and 所以 (suǒyǐ: so) the result. 因为 and 所以 can be used simultaneously or either one of them can be omitted. For example:

因为我要去葡萄牙，所以要换一点儿欧元。

我喜欢学校的餐厅，因为那里的饭菜不错。

我有三个账户，所以转账很方便。

❹ 情态动词"要"（二）

情态动词"要"可以表示按照客观或主观情况应该做某事。例如：

还要麻烦您在这儿签字。

· 223 ·

在 ATM 上取钱要输入密码。

Verbo modal 要 (2)
O verbo modal 要 (yào) indica a obrigação de fazer algo, dadas as circunstâncias objectivas ou subjectivas. Por exemplo:

还要麻烦您在这儿签字。

在 ATM 上取钱要输入密码。

The modal verb 要 (2)
The modal verb 要 (yào) can indicate subjective or objective obligation to do something. For example:

还要麻烦您在这儿签字。

在 ATM 上取钱要输入密码。

汉字知识 Conhecimentos sobre caracteres chineses
Knowledge about Chinese characters

汉语字典与词典

汉语字典和词典种类繁多，最有名的是《新华字典》、《现代汉语词典》，二者都是学习汉语的好帮手。专门为学生编写的学习词典也很多，比如《新华多功能字典》、《现代汉语学习词典》等。此外，还有《汉语大字典》、《辞源》、《古代汉语词典》、《新华成语大词典》等比较专业的字典和词典。查字典的基本方法有部首查字法和音序查字法两种。

Dicionários de língua chinesa

São variados os dicionários de língua chinesa, entre os quais se destacam o *Dicionário Xinhua (Xinhua Zidian)* e o *Dicionário da língua chinesa moderna (Xiandai Hanyu Cidian)*, que servem como instrumento de apoio aos aprendentes de língua chinesa. Encontram-se também muitos dicionários especificamente destinados aos aprendentes, por exemplo, *Dicionário multifuncional Xinhua (Xinhua Duo Gongneng Zidian)* e *Dicionário de aprendizagem de língua chinesa moderna (Xiandai Hanyu Xuexi Cidian)*. Além disso, há ainda dicionários mais especializados e profissionais, como *Grande dicionário da língua chinesa (Hanyu Da Zidian)*, *Origens das palavras (Ciyuan)*, *Dicionário de língua chinesa antiga (Gudai Hanyu Cidian)*, *Grande dicionário de expressões idiomáticas Xinhua (Xinhua Chengyu Da Cidian)*. Basicamente, um carácter ou uma palavra pode ser encontrada no dicionário ou índice dos radicais ou pelo índice fonético.

Chinese dictionaries

There are various types of Chinese dictionaries, of which the most famous are *Xinhua Dictionary (Xinhua Zidian)* and *The Contemporary Chinese Dictionary (Xiandai Hanyu Cidian)*. Both offer great help to learners of Chinese. In addition, there are dictionaries compiled especially for learning Chinese, such as *Xinhua Multi-functional Dictionary (Xinhua Duo Gongneng Zidian)* and *Modern Chinese Learner's Dictionary (Xiandai Hanyu Xuexi Cidian)*. Moreover, for a more professional audience, there are *A Grand Chinese Dictionary (Hanyu Da Zidian)*, *Chinese Etymology (Ciyuan)*, *An Ancient Chinese Dictionary (Gudai Hanyu Cidian)*, and *Xinhua Idioms Dictionary (Xinhua Chengyu Da Cidian)*. Basically, a character or a word can be looked up in a dicationary either by radical indexing or by phonetic indexing.

中华文化知识
Conhecimentos culturais chineses
Chinese cultural knowledge

中国的货币（人民币）

人民币（RMB）是中华人民共和国的法定货币，由中国人民银行发行。人民币包括纸币和硬币，基本计算单位是"元、角、分"。近年来人民币的国际化水平不断提高，根据国际货币基金组织2015年11月底的决议，自2016年10月1日起，人民币将与美元、欧元、日元和英镑一起构成SDR货币篮子，成为第

五大国际货币。

Moeda chinesa (RMB)

O *renminbi* (RMB), moeda oficial da República Popular China, é emitido pelo Banco Popular da China. O *renminbi* inclui notas e moedas, tendo o *yuan, jiao, fen* como as suas unidades monetárias. Com a constante elevação do nível de internacionalização do *renminbi,* o Fundo Monetário Internacional (FMI) decidiu, em finais de Novembro de 2015, aprovar a inclusão da divisa chinesa, o *renminbi*, no grupo das principais moedas internacionais, designado por "direito de saque especial" (DSE, SDR no acrónimo em inglês). A inclusão entrou em vigor em 1 de Outubro de 2016, sendo assim o *renminbi* a quinta maior moeda a par do dólar americano, do euro, do yen japonês e da libra britânica.

The Chinese currency (RMB)

The Chinese *renminbi* (RMB), the official currency of the People's Republic of China, is issued by the People's Bank of China. The RMB includes paper notes and coins with *yuan, jiao* and *fen* as its basic units of calculation. The RMB has become more internationalized in recent years. In accordance with the resolution adopted by the International Monetary Fund in 2015, effective from October 1st, 2016, the RMB has been included in the Special Drawing Right (SDR) Basket as the fifth currency, along with the U.S. Dollar, the Euro, the Japanese Yen and the British Pound.

生词索引 Lista das palavras novas | The new words index

A

啊		a	语助	7
啊		ā	叹	9
澳门币	澳門幣	àoménbì	名	12

B

吧		ba	语助	2
爸爸		bàba	名	3
办	辦	bàn	动	12
半		bàn	名	7
帮忙	幫忙	bāngmáng	动	12
包		bāo	量	11
北边	北邊	běibian	名	8
本		běn	量	11
比		bǐ	介	9
比较	比較	bǐjiào	副	12
比赛	比賽	bǐsài	名	6
毕业	畢業	bìyè	动	5
边上	邊上	biānshang	名	9
表格		biǎogé	名	12
饼干	餅乾	bǐnggān	名	11
病		bìng	名	10
博物馆	博物館	bówùguǎn	名	7
不		bù	副	4
不错	不錯	bùcuò	形	2
不过	不過	bùguò	连	6

简体	繁体	拼音	词性	课
不要		bùyào	副	9
步行		bùxíng	动	8

C

简体	繁体	拼音	词性	课
参观	參觀	cānguān	动	7
餐厅	餐廳	cāntīng	名	8
差		chà	动	7
差不多		chàbuduō	形	9
常常		chángcháng	副	8
唱		chàng	动	6
超市		chāoshì	名	11
潮		cháo	形	9
潮湿	潮濕	cháoshī	形	9
吃		chī	动	8
出发	出發	chūfā	动	7
春天		chūntiān	名	9
词典	詞典	cídiǎn	名	11
次		cì	量	10
从	從	cóng	介	2
存钱	存錢	cúnqián	动	12
存折	存摺	cúnzhé	名	12

D

简体	繁体	拼音	词性	课
打		dǎ	动	6
打算		dǎsuan	动	5
大		dà	形	5
大门口	大門口	dàménkǒu	名	7
大学	大學	dàxué	名	5

大夫		dàifu	名	10
带	帶	dài	动	11
当	當	dāng	动	5
当然	當然	dāngrán	形/副	6
的		de	结助	2
等		děng	动	7
低		dī	形	12
弟弟		dìdi	名	3
点	點	diǎn	量	7
东西	東西	dōngxi	名	11
冬天		dōngtiān	名	9
懂		dǒng	动	6
都		dōu	副	3
度		dù	量	10
对	對	duì	形	5
对不起	對不起	duìbuqǐ	动	6
对了	對了	duìle	动	7
对面	對面	duìmiàn	名	8
兑换		duìhuàn	动	12
多		duō	代	5
多		duō	形	11
多少		duōshao	代	11

E

二十八		èrshíbā	数	5
二十五		èrshíwǔ	数	5

国际汉语教程（初级篇）

F

发烧	發燒	fāshāo	动	10
发炎	發炎	fāyán	动	10
饭	飯	fàn	名	8
饭菜	飯菜	fàncài	名	8
方便		fāngbiàn	形	11
非常		fēicháng	副	6
分		fēn	量	7
分钟	分鐘	fēnzhōng	量	8
服装	服裝	fúzhuāng	名	6
付		fù	动	11

G

该	該	gāi	情动	11
干燥	乾燥	gānzào	形	9
感冒		gǎnmào	动	10
港币	港幣	gǎngbì	名	12
高		gāo	形	12
高兴	高興	gāoxìng	形	4
哥哥		gēge	名	3
个	個	gè	量	3
给	給	gěi	介	10
给	給	gěi	动	11
跟		gēn	介	9
更		gèng	副	9
工程师	工程師	gōngchéngshī	名	5
工作		gōngzuò	名/动	5
罐		guàn	名	11

· 230 ·

贵	貴	guì	形	11
贵姓	貴姓	guìxìng	名	2
国	國	guó	名	2
过	過	guò	动	8

H

还	還	hái	副	6
还是	還是	háishi	连	10
还有	還有	hái yǒu		11
汉语	漢語	Hànyǔ	名	2
好		hǎo	形	1
好的		hǎode	叹	8
好听	好聽	hǎotīng	形	6
好像		hǎoxiàng	副	10
号	號	hào	名	7
和		hé	连	3
盒		hé	名	11
很		hěn	副	1
后	後	hòu	名	6
护士	護士	hùshi	名	5
护照	護照	hùzhào	名	12
画	畫	huà	动	6
换		huàn	动	12
换成		huànchéng		12
回		huí	动	10
会	會	huì	情动/动	6
会	會	huì	情动	9
汇率	匯率	huìlǜ	名	12

231

国际汉语教程（初级篇）

J

几	幾	jǐ	代	3
家		jiā	名	3
家人		jiārén	名	3
见	見	jiàn	动	7
件		jiàn	量	11
将来	將來	jiānglái	名	9
讲座	講座	jiǎngzuò	名	8
教		jiāo	动	4
叫		jiào	动	2
教授		jiàoshòu	名	1
节目	節目	jiémù	名	8
姐姐		jiějie	名	3
斤		jīn	量	11
今年		jīnnián	名	5
今天		jīntiān	名	8
近		jìn	形	8
精彩		jīngcǎi	形	8
就		jiù	副	4
觉得	覺得	juéde	动	6

K

咖啡		kāfēi	名	11
卡		kǎ	名	12
开	開	kāi	动	10
开	開	kāi	动	12
看		kàn	动	4
看		kàn	动	9

看		kàn	动	10
可以		kěyǐ	情动	7
刻		kè	量	7
课	課	kè	名	4
口		kǒu	量	3
块	塊	kuài	量	11

L

来	來	lái	动	2
篮球	籃球	lánqiú	名	6
老师	老師	lǎoshī	名	1
了		le	动助	7
冷		lěng	形	9
离	離	lí	动	8
历史	歷史	lìshǐ	名	4
厉害	厲害	lìhai	形	10
里	裏	li	名	8
脸谱	臉譜	liǎnpǔ	名	6
脸色	臉色	liǎnsè	名	10
凉爽		liángshuǎng	形	9
量		liáng	动	10
两	兩	liǎng	数	7
另外		lìngwài	副	12
龙	龍	lóng	名	5
楼	樓	lóu	名	8
律师	律師	lǜshī	名	5

M

吗	嗎	ma	语助	1

妈妈	媽媽	māma	名	3
麻烦	麻煩	máfan	动	12
马路	馬路	mǎlù	名	8
买	買	mǎi	动	11
忙		máng	形	3
毛		máo	量	11
没问题	沒問題	méi wèntí		7
没有		méiyǒu	动	3
每		měi	代	3
美		měi	形	9
美元		měiyuán	名	12
妹妹		mèimei	名	3
密码	密碼	mìmǎ	名	11
名字		míngzi	名	2
明年		míngnián	名	6
明天		míngtiān	名	7

N

哪		nǎ	代	2
哪里	哪裏	nǎli	代	2
哪儿	哪兒	nǎr	代	8
那		nà	代	4
那		nà	连	9
那么	那麼	nàme	代	11
那儿	那兒	nàr	代	8
男		nán	形	4
南边	南邊	nánbian	名	8
南方		nánfāng	名	2

呢		ne	语助	1
能		néng	情动	8
你		nǐ	代	1
你们	你們	nǐmen	代	1
您		nín	代	1
牛奶		niúnǎi	名	11
女士		nǚshì	名	4
暖气	暖氣	nuǎnqì	名	9

O

噢		ō	叹	4
欧元	歐元	ōuyuán	名	12

P

跑步		pǎobù	动	7
便宜		piányi	形	11
片		piàn	量	10
票		piào	名	8
漂亮		piàoliang	形	6
苹果	蘋果	píngguǒ	名	11
瓶		píng	名	11
葡萄酒		pútaojiǔ	名	11
葡萄牙语	葡萄牙語	Pútáoyáyǔ	名	2

Q

其实	其實	qíshí	副	9
起床		qǐchuáng	动	7
千万	千萬	qiānwàn	副	9

签字	簽字	qiānzì	动/名	12
前		qián	名	10
钱	錢	qián	名	11
巧克力		qiǎokèlì	名	11
请	請	qǐng	动	10
请问	請問	qǐngwèn	动	2
秋天		qiūtiān	名	9
取钱	取錢	qǔqián	动	12
去		qù	动	6

R

热	熱	rè	形	9
人		rén	名	2
人民币	人民幣	rénmínbì	名	12
认识	認識	rènshi	动	4

S

嗓子		sǎngzi	名	10
上课	上課	shàngkè	动	3
上网	上網	shàngwǎng	动	6
上午		shàngwǔ	名	7
少		shǎo	形	11
谁	誰	shéi	代	4
什么	什麼	shénme	代	2
什么的	什麼的	shénmede	助	12
圣诞节	聖誕節	Shèngdànjié	名	9
十二月		Shí'èryuè	名	7
时候	時候	shíhou	名	9

十六		shíliù	数	5
十四		shísì	数	5
食堂		shítáng	名	8
试	試	shì	动	8
是		shì	动	2
是的		shì de		2
室内		shìnèi	名	9
收银员	收銀員	shōuyínyuán	名	11
书	書	shū	名	11
书店	書店	shūdiàn	名	11
舒服		shūfu	形	9
输入	輸入	shūrù	动	11
属	屬	shǔ	动	5
刷卡		shuākǎ	动	11
睡		shuì	动	10
顺便	順便	shùnbiàn	副	12
说	說	shuō	动	6
说不定	說不定	shuōbudìng	副	9
宿舍		sùshè	名	10
岁	歲	suì	量	5
所以		suǒyǐ	连	12

T

他		tā	代	4
他们	他們	tāmen	代	3
它		tā	代	12
她		tā	代	4
太极拳	太極拳	tàijíquán	名	7

· 237 ·

国际汉语教程（初级篇）

太……了		tài...le		6
特别		tèbié	副	6
疼		téng	形	10
踢		tī	动	6
体温	體温	tǐwēn	名	10
天		tiān	量	3
天		tiān	名	7
天气	天氣	tiānqì	名	9
填		tián	动	12
听说	聽説	tīngshuō	动	6
同学	同學	tóngxué	名	1
头	頭	tóu	名	10

W

外币	外幣	wàibì	名	12
晚上		wǎnshang	名	7
网购	網購	wǎnggòu	动	11
位		wèi	量	4
我		wǒ	代	1
五		wǔ	数	3

X

洗发水	洗髮水	xǐfàshuǐ	名	11
喜欢	喜歡	xǐhuan	动	6
下		xià	名	7
下个月	下個月	xiàgèyuè		7
下课	下課	xiàkè	动	6
下午		xiàwǔ	名	7

· 238 ·

下雪		xiàxuě	动	9
夏天		xiàtiān	名	9
先		xiān	副	10
先生		xiānsheng	名	4
现金	現金	xiànjīn	名	11
现在	現在	xiànzài	名	6
香蕉		xiāngjiāo	名	11
想		xiǎng	动	5
消费	消費	xiāofèi	动	12
小		xiǎo	形	10
小学	小學	xiǎoxué	名	5
谢谢	謝謝	xièxie	动	1
星期		xīngqī	名	7
行		xíng	动	7
姓		xìng	名/动	2
需要		xūyào	动	12
学	學	xué	动	2
学习	學習	xuéxí	动	4
学校	學校	xuéxiào	名	7
雪		xuě	名	9

Y

严重	嚴重	yánzhòng	形	10
演出		yǎnchū	动/名	8
羊		yáng	名	5
药	藥	yào	名	10
要		yào	情动	6
也		yě	副	1

国际汉语教程（初级篇）

一般		yībān	副	7
一点儿	一點兒	yīdiǎnr	数量	12
一定		yīdìng	副	6
一共		yīgòng	副	11
一会儿	一會兒	yīhuìr	名	10
一……就……		yī... jiù...		10
一起		yīqǐ	副	6
一下		yīxià	数量	10
一些		yīxiē	数量	10
衣服		yīfu	名	11
医生	醫生	yīshēng	名	5
医院	醫院	yīyuàn	名	5
遗憾	遺憾	yíhàn	形	8
以后	以後	yǐhòu	名	5
因为	因爲	yīnwèi	连	12
银行	銀行	yínháng	名	12
应该	應該	yīnggāi	情动	9
英语	英語	Yīngyǔ	名	2
用		yòng	动	12
有		yǒu	动	3
有点儿	有點兒	yǒudiǎnr	副	10
有意思		yǒu yìsi	形	5
又……又……		yòu...yòu...		9
远	遠	yuǎn	形	8
越来越	越來越	yuèláiyuè		9
运动	運動	yùndòng	动	7

Z

再见	再見	zàijiàn	动	7
在		zài	介/动	5
早		zǎo	形	7
早上		zǎoshang	名	3
怎么了	怎麼了	zěnme le		10
怎么样	怎麼樣	zěnmeyàng	代	9
展览	展覽	zhǎnlǎn	名	7
张	張	zhāng	量	8
张	張	zhāng	动	10
账户	賬戶	zhànghù	名	12
找		zhǎo	动	11
这	這	zhè	代	4
这么	這麼	zhème	代	11
真		zhēn	副/形	2
这儿	這兒	zhèr	代	8
知道		zhīdao	动	8
职员	職員	zhíyuán	名	12
中文		Zhōngwén	名	2
中午		zhōngwǔ	名	10
中学	中學	zhōngxué	名	5
中学生	中學生	zhōngxuéshēng	名	5
种	種	zhǒng	量	11
周六		Zhōuliù	名	7
周末		zhōumò	名	7
主意		zhǔyi	名	6
著名		zhùmíng	形	9

国际汉语教程（初级篇）

转账	轉賬	zhuǎnzhàng	动	12
自己		zìjǐ	代	12
足球		zúqiú	名	6
嘴		zuǐ	名	10
最		zuì	副	9
最好		zuìhǎo	副	10
最近		zuìjìn	名	1
昨天		zuótiān	名	12
左右		zuǒyòu	名	8
做		zuò	动	5

专有名词索引 | Lista dos nomes próprios | The proper nouns index

A

安梅兰	安梅蘭	An Meilan	An Meilan	1
澳门	澳門	Macau	Macao	4
澳门文化中心	澳門文化中心	Centro Cultural de Macau	Macao Cultural Centre	8

B

巴西		Brasil	Brazil	2
北京		Beijing	Beijing	2
北京京剧院	北京京劇院	Teatro de Ópera de Beijing	Jingju Theatre Company of Beijing	8

C

长城	長城	a Grande Muralha	The Great Wall	9
长江	長江	o Rio Changjiang	The Changjiang River	9
陈	陳	Chen	Chen	1
重庆	重慶	Chongqing	Chongqing	9

E

| 俄罗斯 | 俄羅斯 | Rússia | Russia | 2 |

G

| 故宫 | | o Palácio Imperial (o Palácio Museu) | The Imperial Palace, The Palace Museum | 9 |
| 广州 | 廣州 | Cantão | Guangzhou | 2 |

H

| 杭州 | | Hangzhou | Hangzhou | 9 |

国际汉语教程（初级篇）

| 何爱丽 | 何愛麗 | He Aili | He Aili | 1 |
| 汇智楼 | 匯智樓 | Edifício Wui Chi | The Wui Chi Building | 8 |

J

金莲花广场	金蓮花廣場	Praça Flor de Lótus	The Golden Lotus Square	8
京剧	京劇	Ópera de Beijing	Beijing Opera	6
镜湖医院	鏡湖醫院	Hospital Kiang Wu	Kiang Wu Hospital	10

L

李嘉玲	李嘉玲	Li Jialing	Li Jialing	2
理工学院	理工學院	Instituto Politécnico de Macau	Macao Polytechnic Institute	8
刘大江	劉大江	Liu Dajiang	Liu Dajiang	2
罗飞龙	羅飛龍	Luo Feilong	Luo Feilong	1

M

马修文	馬修文	Ma Xiuwen	Ma Xiuwen	1
美国	美國	(os) Estados Unidos da América	The United States of America, USA	2
明德楼	明德樓	Edifício Meng Tak	The Meng Tak Building	8
莫斯科		Moscovo	Moscow	2

N

| 南昌 | | Nanchang | Nanchang | 9 |
| 南京 | | Nanjing | Nanjing | 2 |

P

| 葡萄牙 | | Portugal | Portugal | 2 |

S

山顶医院	山頂醫院	Centro Hospitalar Conde de São Januário	St. Januario Hospital	10
上海		Shanghai	Shanghai	9
四川菜		a culinária de Sichuan	Sichuan Cuisines	8
四大火炉	四大火爐	os Quatro Fornos	The Four Furnaces	9

W

| 武汉 | 武漢 | Wuhan | Wuhan | 9 |

X

新口岸		Zona de Aterros do Porto Exterior	ZAPE	8
新口岸餐厅	新口岸餐廳	Estabelecimento de Comida Português Porto Exterior	The ZAPE Restaurant	8
新龙餐厅	新龍餐廳	Restaurante Dragão Novo	The New Dragon Restaurant	8

Y

杨	楊	Yang	Yang	1
颐和园	頤和園	o Palácio de Verão	The Summer Palace	9
艺术博物馆	藝術博物館	Museu de Arte de Macau	The Macao Art Museum	8

Z

中国	中國	China	China	5
中国画	中國畫	pintura chinesa	Chinese painting	6
珠海		Zhuhai	Zhuhai	12

图书在版编目(CIP)数据

国际汉语教程.初级篇.上册:汉、葡、英/李向玉主编.—北京:商务印书馆,2020
ISBN 978-7-100-19145-6

Ⅰ.①国… Ⅱ.①李… Ⅲ.①汉语—对外汉语教学—教材 Ⅳ.①H195.4

中国版本图书馆 CIP 数据核字(2020)第 184612 号

权利保留,侵权必究。

国际汉语教程·初级篇
(上册)
李向玉 主编

商 务 印 书 馆 出 版
(北京王府井大街 36 号 邮政编码 100710)
商 务 印 书 馆 发 行
北京虎彩文化传播有限公司印刷
ISBN 978-7-100-19145-6

2020 年 11 月第 1 版　　开本 889×1194　1/16
2020 年 11 月北京第 1 次印刷　印张 17
定价:146.00 元